董晓萍 李国英 主编

"教育援青"人文学科基础建设系列

佛教史六讲

王邦维 著

创于1897 商务印书馆
The Commercial Press

图书在版编目（CIP）数据

佛教史六讲 / 王邦维著. — 北京：商务印书馆，2022
（2023.7 重印）
　ISBN 978-7-100-21016-4

　I.①佛⋯　II.①王⋯　III.①佛教史—中国　IV.① B949.2

中国版本图书馆 CIP 数据核字（2022）第 142540 号

佛教史六讲

王邦维　著

商　务　印　书　馆　出　版
（北京王府井大街 36 号　邮政编码 100710）
商　务　印　书　馆　发　行
北 京 新 华 印 刷 有 限 公 司 印 刷
ISBN 978-7-100-21016-4

2022 年 9 月第 1 版　　　开本 880×1230　1/32
2023 年 7 月北京第 2 次印刷　印张 3

定价：28.00 元

教育部人文社会科学重点研究基地重大项目

"跨文化视野下的民俗文化研究"

青海省人民政府－北京师范大学高原科学与可持续发展研究院与

北京师范大学跨文化研究院"丝路跨文化研究"重大项目

（项目批准号：19JJD750003）

综合性研究成果

教育部人文社会科学重点研究基地

北京师范大学民俗典籍文字研究中心

青海省人民政府－北京师范大学高原科学与可持续发展研究院与

北京师范大学跨文化研究院"丝路跨文化研究"重大项目组

资 助 出 版

总序 "教育援青"国家战略与人文学科基础建设

　　近年国家推进"教育援青"战略,加强中国特色社会主义高等教育体系建设,高度重视多民族共同发展的高等教育事业,这项举措意义重大。西部高等教育与国家发展战略的关系,从来没有像今天这样关系密切。跨文化学对外研究世界各国多元文化,对内研究本国多民族优秀文化,可以在"教育援青"中发挥特殊作用。北京师范大学是我国高等师范教育的最高学府,在这次"教育援青"中与青海师范大学携手,责无旁贷,编写人文学科基础建设用书是实际行动之一。近期建立的青海省人民政府-北京师范大学高原科学与可持续发展研究院与北京师范大学跨文化研究院合作从事"丝路跨文化研究"的重大项目,正是诸项落实措施中的一种。这项工作的目标,是要着眼高端、立足长远、繁荣西部文化生态,认真总结西部多民族跨文化协同发展的历史经验,重视从西部高校培养具备跨文化对话能力的新型人才,促进西部高校教育的内生型发展,具体有三:一是服务于党和国家的"十四五"

规划大局,辅助青海高原可持续社会建设;二是开拓内地重点高校与西部高校对口支援学科建设的新基地,实现优势教育资源共享;三是纳入双赢机制,建设青海多民族凝聚力教育事业,满足西部高校师资队伍建设与人才培养的需求。

一、建立落实国家战略的"长效机制"

我国多民族千百年来和睦相处,建设中华文明,共同创造了极为宝贵的国家文化财富,这是我国的独特历史。在中国共产党的百年党史中,始终以人民利益为最高利益,促进各民族互相尊重与平等发展,这是中国共产党创造的先进经验。在高等教育方面,20世纪以来,自五四运动、战争年代,至和平建设时期,北京多所高校专家学者投入民族社会调查和全国各民族民间文学搜集运动中,与西部高校师生携手,为今天国家大力开展的非物质文化遗产保护工作打下了基础。新中国成立七十余年来,特别是改革开放后的四十余年中,我国经济社会迅速发展,多民族高等教育蒸蒸日上,取得了众所瞩目的成就。这引来西方霸权国家的恐慌,他们挑衅我国的主权,侵犯中华民族共同体的文化权利,引起我国和世界一切爱好和平的国家与人民的强烈不满。面对世界格局的变动,我们要头脑清醒，坚持中国的道路自信、理论自信、制度自信和文化自信，同时也要认识到"教育援青"国家战略不是短期行动，而是长期任务。

北京师范大学党委书记程建平教授在2021年3月发表《构建中西部教育"结伴成长"机制》一文，明确提出了"长效机制"的理念。他总结高校党建工作的历史经验，从正在启动的高校"十四五"规划现实任务着手，指出"长效机制"应包括：第一，把西部高校建设当作国家重点高校自身建设的一部分，共建双赢；第二，选拔"学术水平要高、办学能力要强，而且还要肯干、投入"的优秀校长，派驻西部高校，带领当地领导班子携手创建共赢局面；第三，勤奋深耕，促进内外双循环发展，"深层次的帮扶，是要帮助西部高校实现由'外部输血'到'自我造血'的转变"。总体说，这项重要的国家任务要重视吸引社会公益力量，加强内地重点高校与西部高校联手建设的对内影响力和对外辐射力，"青海师范大学高原科学与可持续发展研究院与北京师范大学跨文化研究院正式签署战略协议，标志着双方的对口支援工作再结硕果"①。

"长效机制"理念的另一层深意，是建设中国特色社会主

---

①　程建平：《构建中西部教育"结伴成长"机制》，《中国教育报》2021年3月15日第5版。另见毛学荣、史培军《西部高校如何走好高质量跨越发展路》，《中国教育报》2021年3月15日第5版。

义高等教育体系中多民族凝聚力教育的长期稳定模式,高校学者对此也有长期的认同和社会实践的传承。20世纪一批留学归国的学术大师,包括清华大学的费孝通先生、北京大学的季羡林先生、北京师范大学的周廷儒先生和钟敬文先生等,都曾为西部留下宝贵的精神遗产。费孝通先生留英归来,是西部社会人类学调研和高校民族教育的早期开拓者。季羡林先生留德归来,曾发表专题文章《少数民族文学应纳入比较文学研究的轨道》,指出:"我们对国内少数民族文学,包括民间文学在内,虽然进行了一些研究,但是总起来看是非常不够的,而且也非常不平衡。"①周廷儒先生留美归来,是青海高原地理科学考察与研究的先驱,并培养了门下第一位博士,即现由北京师范大学派往青海师范大学的史培军校长。钟敬文先生留日归来,是我国民俗学高等教育的奠基人。他与费孝通、季羡林和周廷儒的看法相同,多年支持西部民间文学事业的发展,还曾亲自致力于西部高校民族民俗学人才的培养工作②。这些学术大师都是钟情于祖国西部的"海归",是广大后学景仰的名师楷模。现在他们的大学问需要转型,这就要求今人能够

---

① 季羡林:《比较文学与民间文学》,北京大学出版社1991年版,第333页。
② 参见董晓萍《钟敬文先生对新时期民俗学科的重大建树——兼谈〈北京师范大学学报〉与民俗学科的发展》,《北京师范大学学报》2012年第5期,第30—39页。

继承和发展。我国比较文学学科的创建人乐黛云先生、法国汉学家汪德迈先生、法国跨文化学领军人物金丝燕教授、我国传统语言文字学家王宁先生和李国英教授、现代公益文化学开拓者陈越光先生、印度学和东方学学者王邦维教授、俄罗斯文艺学学者程正民先生和李正荣教授、文艺学和艺术学学者王一川教授、跨文化民俗学学者董晓萍教授等，都为此做出了贡献。他们也都高度重视西部高等教育①。

二、跨文化学在文化内部多民族相处与对外文化交流两端发挥作用

在我国，跨文化学不可替代的功能是，对外研究人类命运共同体文化，对内研究中华民族凝聚力文化，在高校培养具备跨文化能力的新型人才，这对于在世界百年未有之大变局中，在"教育援青"国家战略的背景下，加强西部高等教育，是一种必要的助力。

此时特别要提到语言学、民俗学、民族学、历史学、东方学

---

① 参见曹昱源《青海师范大学与北京师范大学合作启动"青海高原丝路跨文化研究"重大项目》，乐黛云、〔法〕李比雄主编《跨文化对话》第44辑，商务印书馆2021年版，第260—261页。

和社会学的贡献。五四以后，在我国传统国学中，从文史哲三门，发展出上述现代人文社会科学。在新中国时期，在社会主义新文化建设中，建成了相应的高等教育人才培养机制。自20世纪60年代人文思潮革命后，国际上出现跨文化历史学的研究倾向。我国在扩大改革开放和深化对外交流后，转向文明互鉴视野下的人文社会科学研究，再转向跨文化中国学教育①，这是一个逐步发展的过程。

在这次实施"教育援青"的国家战略中，跨文化学的介入，可以对西部高等教育带来以下促进发展的新视点：

一是纳入多元文化交流机制，提升健康文化生态的建设水平，补充多民族凝聚力教育事业的新个案。在中华文明长期发展的过程中，中央与地方、上层与民间、汉族与兄弟民族、中国与外部世界，彼此互动，形成了和而不同、和平共处的中国模式。这是一种中国模式，它在世界四大古老文明中独立呈现，并友好共享。今后还要在新的层面上建设，并将之综合运用到跨文化对话之中，以便更加有利于向世界提供中国经验。

二是纳入文化生态平衡机制，筑牢内地高校与西部高校对口支援的基础。文化生态资源的差异化，与国家教育事业

---

① 参见董晓萍《文化主体性与跨文化》，《西北民族研究》2019年第2期，第66—69页。

多元统一的格局，在某种程度上说，这是一个矛盾统一体。但当今世界变局又说明，在捍卫国家文化主权的前提下，重新认识这个矛盾统一体，建立平等、尊重和优势共享的教育机制，是十分必要的。它有利于搞好世界治理、国家治理和社会治理。中国历经数千年而稳定发展的奥秘，就在于用心构筑和创新维护这个矛盾统一体。当然，世界发展到今天，我们还要补充建设跨文化知识体系，耐心观察和认真建设单一文化与多边文化的接触点与交流点，精准发力，营造新时代的优秀人文文化，用现代汉语说叫"对口"。具体到北京师范大学与青海师范大学的合力共建、扎实落地的一步，就要进行学科"对口"建设支援，这样才能掌握差异中的平衡点，打造共赢空间。

三是纳入未来价值机制，辅助青海可持续发展，提升服务于"十四五"规划的大局意识。内地高校与西部高校虽不乏差异，但双方也长期拥有共享价值，即中华民族共同体价值观。中国儒家文化最早揭示了人际关系中的价值文化，而这种古老的关系价值还要依靠充分吸收我国多民族跨文化相处的历史智慧和现代经验，并提炼新思想，才能构建未来价值观。

在高等教育方面，跨文化学教育的特点，就是强调跨文化中国学教育，高度重视我国多民族文化资源、教育经验及其社会功能。当代内地高校与西部高校的共建活动，已不再是少数精英的单边意愿和单向的教学输出活动，而是多边行动。

跨文化中国学教育要通人脉、爱和平，教育各民族新一代大学生和研究生，在现代社会中掌握跨文化学的理论与方法，做到文化间的互相欣赏、忍耐差异、宽容彼此和尊重他者，成为新型国际化人才。今日求学，明天放飞。

三、西部高校"人文学科基础建设系列"著作的特征

自2018年起，随着"教育援青"工作的推进，在青海师范大学方面，已将青海地区的社会发展、多民族高等师范教育与"两弹一星"精神教育三位一体进行建设。2021年以来，青海师范大学高原科学与可持续发展研究院与北京师范大学跨文化研究院携手合作，共同从事"丝路跨文化研究"重大项目。在该项目的教学科研成果中，专门设立"人文学科基础建设系列"，拟于2021年年内完成，交由商务印书馆出版，于2022年春季和秋季学期投入使用。

"人文学科基础建设系列"的定位是，促进建设中华民族共同体格局下的跨文化中国学教育事业。

这套"人文学科基础建设系列"的理念是，服务于"长效机制"的基础学科建设，而不是编制短期支教的培训班方案。作者都是人文科学领域有代表性的学者、教授和博士生导师，

具有几十年指导本科生和研究生的经验。他们以无私奉献的情怀投入这项工作，针对西部高校学科建设的实际需求，提供跨文化中国学的教育成果，同时输入国际前沿学术信息，做到高端教育与对口帮扶相结合，专业需求与交叉研究相结合，以及内地高校优势教育资源与青海多民族特色资源保护吸收相结合，人人争取在"教育援青"中多出一份力。

"人文学科基础建设系列"的适用学科，包括汉语言文字学、民俗学、民间文学、民族学、文艺理论、古代文学、现代文学、中印比较佛学、东方学、比较文学与世界文学，以及其他相邻学科和注意吸收人文学科研究成果的自然科学学科。

"人文学科基础建设系列"的使用范围，适合高校的基础课、专业课和选修课使用，也为西部高校利用这套教学用书再去培养下一代人才做好准备。

"人文学科基础建设系列"的撰写和出版，得到北京师范大学和青海师范大学领导的大力支持，商务印书馆学术编辑中心做了大量实际工作，北京师范大学－青海师范大学高原科学与可持续发展研究院、北京师范大学跨文化研究院给予充分重视，在此一并郑重致谢！

董晓萍　李国英

2021年6月25日

目　录

小　引 ·· 1

第一讲　释迦牟尼创立佛教：从迦毗罗卫到鹿野苑 ·········· 3

第二讲　早期佛教：教义、制度与经典 ······················· 19

第三讲　佛教的分裂与广泛传播 ······························· 28

第四讲　大乘佛教：空宗和有宗 ······························· 40

第五讲　由盛而衰：佛教在印度的结束 ······················· 52

第六讲　佛教传到亚洲各国 ··································· 58

后　记 ·· 76

小　引

　　读过古典小说《西游记》的人，都知道"玄奘取经"的故事。故事讲的是唐代贞观年间，有一位名叫玄奘的和尚，从中国出发，到"西天"去求法和取经。玄奘靠着他神通广大的徒弟孙悟空，还有猪八戒和沙和尚，万里跋涉，其间遇到许多危险。他们克服了无数艰难险阻，打败很多妖魔鬼怪，最后如愿以偿，到达"西天"，见到如来佛，取回了真经。几百年来，这个故事很受中国人的喜欢。玄奘和他的三位徒弟，还有那位威力无穷的如来佛，以及救苦救难的观音菩萨，今天几乎已经是家喻户晓、妇孺皆知的人物。

　　《西游记》当然只是神话。不过，《西游记》小说里的中心人物玄奘，历史上却实有其人。玄奘是唐初的一位佛教僧人。唐太宗贞观元年（627年，也有的说是贞观三年，即629年），玄奘为了弄清佛教的一些理论问题，万里孤征，这中间确实经历了无数的险阻，最后到达了"西天"，也就是今天的印度。他在印度学习佛教，各处朝圣，十九年后，带着大批的佛经，回到中国。玄奘后来成了一位很有影响的高僧。《西游记》就是根据他的这段经历编写出来的一部神话小说。小说中的那位如来佛，如果作为创立佛教的一位历史人物，也实有其人。如来佛有好些名字，其中最常用的，叫作释迦牟尼，如来只是佛众多的名字之一。只是释迦牟尼在世的年代，比玄奘早1000多年，玄奘并没有，也不可能亲自见到他。

历史上的佛教，公元前5世纪出现在印度。佛教在印度，有一个时期也确实很兴盛。公元前3世纪，佛教传出印度，先后传到了包括中国在内的亚洲许多国家和地区，由此成为一个世界性的宗教，至今延绵不衰，依然在亚洲一些国家有着相当大的影响。中国在历史上也属于佛教十分流行的国家之一，佛教对中国传统思想文化的发展曾经发生过重大的影响。要了解中国的历史文化，不能不了解佛教；要了解历史上中国与印度以及亚洲其他国家和地区的文化交往，也不能不了解佛教。那么，历史上的佛教，究竟是怎么回事？它是怎样产生，后来怎样发展，最后又是怎样一个面貌呢？

所有这些，有许多可讲的故事。以下我们就来简单地谈谈佛教的历史。

第一讲 释迦牟尼创立佛教：从迦毗罗卫到鹿野苑

佛教产生于公元前6世纪至前5世纪之间的印度，创始人是释迦牟尼。

印度，我国古代最早称为"身毒"，后来又称它为"贤豆""天竺""天笃""天督""呬度"或者"西天"。唐代的玄奘到印度求法，回来后写了一本很有名的书，书名叫作《大唐西域记》。玄奘在《大唐西域记》中首次使用"印度"一名，"印度"从此成为最通用的一个名称。

印度是一个古老的国家，也是世界古代文明的发源地之一。古代的印度，地域上包括今天的印度、孟加拉、巴基斯坦等几个国家的领土，现代地理学把这一广大地域称为南亚次大陆。从旧石器时代起，这块土地上就有人类居住。大约在公元前3000年到前2000年之间，今天印度河流域的哈拉帕和摩亨佐达罗一带，出现一个相当发达，看起来也很繁荣的城市文化。创造这一文化的，是当时印度的土著居民，但究竟是什么民族，任何文献中都没有记载。多数的研究者认为，这些土著居民，很可能就是印度历史上的达罗毗荼人的前身，后来演变为今天印度南方的几个民族。

大约到了公元前2000年到前1000年之间，有一支自称为雅利安人的游牧民族从中亚进入印度西北部。雅利安人和印度的土著居民完全不同，他们使用印欧语系的语言，依靠游牧为生，四处迁徙，社会制度还处于原始公社开始解体的阶段。

雅利安人进入印度后，从西北往东次第推进，并在当地逐步取得优势地位。他们向当地居民学习，社会生产从主要从事游牧渐渐转变为主要从事农业。

这个时候的雅利安人，已经有了自己的经典，称作《吠陀》。《吠陀》是印度现存最古老的文献，用古代的梵语写成，分为四种或者说四部，分别是《梨俱吠陀》《夜柔吠陀》《婆摩吠陀》和《阿达婆吠陀》。四部《吠陀》形成或者说编成的时间有先后，其中最早的是《梨俱吠陀》。四部《吠陀》中，前三种尤其重要，很早就被看作是印度雅利安人的圣典。

从《吠陀》的内容，可以看到印度雅利安文化最早表现出来的特点：信仰多神，重视祭祀，尚武，并开始有了社会等级制度。这些雅利安人信仰的宗教，后来被称为婆罗门教。婆罗门教的影响很大，它将社会上的人分为四个等级：第一是婆罗门，其次是刹帝利，再次是吠舍，最后是首陀罗。根据婆罗门教的教义，婆罗门主管祭祀，垄断文化知识，是最高的等级；刹帝利是武士阶级，很多是王族，享有世俗社会中的统治权力；吠舍经商或从事农业；首陀罗则完全从事手工劳动，被认为是最低的等级。除此以外，那些被雅利安人征服较晚的或尚未被征服的土著民族的地位则更低，还不能排入这四个等级之内。

婆罗门教基本上代表了处于统治地位的婆罗门与刹帝利的利益。尽管婆罗门与刹帝利之间也有矛盾，但在婆罗门、刹帝利这前两个等级与吠舍、首陀罗这后两个等级之间，矛盾就更尖锐。吠舍阶层后来发生分化，一部分人地位上升，成为富商大贾，进入上层的行列，另一部分人仍然是劳动者，有的地位还日益下降。至于首陀罗，则始终处在社会的底层。不过，社会的情况很复杂，在某些情况下，低级阶层的人，也不是完全没有机会获得上升的机会。婆罗门虽然精神上高贵，但有些人后来也生活得很穷困。首陀罗偶尔也有做了国王的。

到了佛教产生的时候，古代印度的社会状况又有了新的变化和发展。这时，雅利安人已经在今天的恒河与亚穆纳河汇合的那一带地区定居下来。农业成为主要的生产部门。铁器已经取代青铜器，并广泛运用于生产的各个部门，有力地推动了生产力的发展。手工业技术也有很大的进步，分工已比较精细，出现了各种不同的手工艺人。商业贸易这时不仅在印度各个地区间开展，还扩展到了海外。印度的一些产品，像细布和钢等，在海外都很有名。

根据佛经和其他古代文献的记载，这时在北印度出现了十六个大国，其中最重要的有摩揭陀（在今比哈尔邦）、拘萨罗（在今北方邦和尼泊尔部分地区）、阿槃提（在今中央邦）、跋蹉、鸯伽、迦尸（三者都在今北方邦），以及西北部的犍陀罗等。这些国家多数实行君主制，也有少数一些由部族联合而成的国家，实行共和形式的贵族寡头统治。一些国家之间相互攻伐，征战不绝。拘萨罗和摩揭陀是其中势力最强的两个国家。在互相争霸的斗争中，开始拘萨罗占上风，可是后来摩揭陀逐渐取得优势，最后吞并了拘萨罗，同时打败其他一些国家，大大扩张了领土。

对于这个时期印度社会形态的性质，学者们的看法存在很大分歧。有的学者认为，这是原始的氏族社会向奴隶制社会过渡的时期；有的学者认为，这是奴隶制小国向逐渐统一的奴隶制大国过渡的时期；也有学者认为，印度的奴隶制社会形态在此以前已经形成，这时发生的是奴隶制向封建制的转变；还有学者认为，印度历史上根本就不存在典型的奴隶制社会，在这个时期发生的向封建制的转变是直接从原始社会末期阶段开始的。

从现存的，包括佛经在内的各种文献中反映的情况看，在这一时期里，北印度恒河流域一带，确实已经有了私有的土地，也有自耕自牧的农民。农民必须向国王交纳赋税，如果土地是租佃来的，还得向土地的主人交纳租税。土地可以买卖。国王常常把整个的村庄、成片的土地赏赐给有功的大臣。国王统率军队，军队有步、马、车、象四个兵种。这时的国家机器，也就是政府,已经相当完善,可以有效地实行管理和治理。这个时期,值得注意的是商人阶级非常活跃。有的大商人积聚的财产成千上万,富埒国王。这说明农业和手工业所能提供的商品已非常丰富。富商大贾们还结交国王,甚至左右政治,他们对宗教活动也很有兴趣,往往成为新兴宗教最积极的支持者。从这些情况看,古代印度的社会状况确实出现了一些新的变化,它缺乏典型的类似于早期欧洲奴隶制的特点,却与所谓的封建制较为相似。

在今天看来,20世纪学者们做这样的讨论,对于了解古代印度的历史和社会结构的确有所帮助。但历史的事实更复杂,所有的问题,需要在一定的时空背景下去理解和做具体的分析。对于历史,仅仅做标签式的解释显然是不够的。

学者们对这个时期的社会状况虽然有不同的理解、推想和解释,却有一点是一致的:这一时期古代印度的思想界非常活跃,各种新的思想理论和学说如雨后春笋般地出现。这一点很像中国的春秋战国时期,各种思想、各种理论,百家争鸣,新的思想挑战旧的思想,过去的一些传统受到质疑。各方面的变化说明,这个时期是印度古代历史上的一个重要转折时期。

整体上看,这一时期的思想界,主要存在两种对立的思潮:一个是传统的,也是正统的婆罗门思潮;另一个是新出现的,所谓的沙门思潮。

婆罗门思潮宣传《吠陀》是神的启示,祭祀才能获得福报,婆罗门的地位应该最高。它代表的是上层婆罗门的利益，这是雅利安人传统的宗教及社会伦理思想。

沙门思潮的情况则比较复杂。

什么是"沙门"呢？沙门这个名称，是相对于婆罗门而说的。所有的非婆罗门信仰的教派中的人，都可以叫作沙门。沙门所代表的思想就是沙门思潮。沙门多数是苦行者。他们不相信《吠陀》里的神，也反对祭祀，尤其反对婆罗门至高无上的社会地位。他们中的很多人，相信一种轮回转生的说法，认为人今生的一切行为会产生一种后果，叫作"业"。人虽然会死，"业"却继续存在，并且决定来世转生的好坏。做了好事，来世就会得到好报；反之，做了坏事，来世也会得到相应的恶报。总之，一切事物都有因果报应。但是他们并不愿意再转生，更希望能跳出这样的轮回，认为这样才能得到彻底的解脱。为了达到这个目的，他们想尽种种办法，苦行是其中主要的手段之一。

沙门是个通称，它的派别很多，各自的思想体系大多很复杂。与佛教同时代产生的耆那教，一直在印度有一批信徒，至今是印度众多宗教信仰中的一种宗教。耆那教有自己的经典。耆那教的经典中讲，沙门思潮中包括各种不同的理论，数量多至"三百六十二见"，也就是有362个派别。佛教的经典也提到过"九十六种外道"或"六十二见"的说法。这可能有些夸张，但不同的思想派别有很多，则是肯定的。依照佛经中的说法，这些派别中，除佛教以外，有代表性的主要有六种，佛经里把它们叫作"外道六师"，其中包括耆那教。耆那教在印度一直存在到今天，仍然有一定的影响。其他的派别有的主张"顺世"，类似于今天所说的唯物主义，有的持怀疑论与不可知论，有的主张一种实在论的观点，有的主张二元论。总之，他们完全不同于传统的婆罗门思想，在当时的大背景下，是"异端"，也可以说是当时的自由思想派别。这些派别都有追随者，曾经都有过大小不等的影响，但除了耆那教，最后在印度都消失了。

通过了解公元前6世纪至5前世纪时印度一般的历史状况和思想界的状况，我们就能够比较容易地理解释迦牟尼创立佛教的情况。

释迦牟尼是佛教的创始人。释迦牟尼是什么时候的人，诞生于公元前的什么时候，尤其具体是哪一年，其实一直有很多争议。争议的意见大致可以分为两种：一种认为在公元前6世纪，一种认为是在公元前5世纪。具体到哪一年，说法就更多。但这对理解佛教的历史实际上影响不是太大。两种说法，各有道理。实际的情况是，不同国家和地区的佛教徒，各自接受自己认为正确的说法。比较多的佛教徒，尤其是今天斯里兰卡和东南亚的佛教徒，相信释迦牟尼诞生的时间，是在公元前623年，去世的时间是在公元前544年。1956年印度和东南亚国家纪念释迦牟尼涅槃也就是去世2500年，采取的就是这个纪年。中国的佛教徒，则依据汉译《善见律毗婆沙》中的一种说法进行推算，认为释迦牟尼诞生在公元前565年，去世于公元前486年。

同样的情形，关于释迦牟尼的生平，也缺乏确实的历史记载。我们今天知道的有关释迦牟尼的事迹，大多来自佛教的文献，即佛经中讲到的各类故事。故事中讲，释迦牟尼出生在北印度一个名叫迦毗罗卫国的国王家里，属于刹帝利种姓。释迦牟尼的父亲，人称"净饭王"。他的母亲，名叫摩耶，人称"摩耶夫人"。释迦牟尼在世时，迦毗罗卫国家很小，依附于大国拘萨罗。释迦牟尼这个名字，意思是"释迦族的圣人"。"释迦"是释迦牟尼所出身的部族的名称，"牟尼"的意思则是圣人。人们这样称呼他，有尊敬的意思，但这不是他本来的名字，他真正的名字是乔答摩·悉达多。"乔答摩"是借用了古代印度传说中的一位仙人的名字作为他家庭的姓，中国古代往往也翻译为"瞿昙"。"悉达多"则是释迦牟尼的家里人给他取的名字，中国古代意译为"一切义成"或者"吉财"，用今天的话说是"一切事成功"。

佛经中讲，释迦牟尼出生七天后，母亲摩耶夫人就去世了。他的姨母，也是他的继母，名叫瞿昙弥，把他抚养成人。他从小生长在王宫里，一直过着富贵安乐、无忧无虑的生活。在他的青少年时代，释迦牟尼受到了当时刹帝利青年所有应该接受的教育。他很聪明，各种技艺，一学便会。他成年后，净饭王为他娶了一位美貌的妻子，名叫耶输陀罗。后来，他们生了一个儿子，取名叫罗睺罗。

释迦牟尼这个时期的生活，看起来很安逸和幸福，但是有一天，他走出王宫，在迦毗罗卫城里，看见一位步履蹒跚，风烛残年的老人。过了些日子，他第二次出游，又看见一位病人。他第三次出游时，又看见一个死人。这些都让他非常难过，他发现人生和社会中原来有这样多的不幸。当他第四次出游时，看见的却是一位云游乞食的苦行者，似乎超然于世间的苦难和不幸之外。他羡慕苦行者，决心出家寻求解脱之道。在一个满月的夜里，释迦牟尼带着一名马夫，悄悄地离开王宫，走出迦毗罗卫城。出城走了一段路后，他让马夫回去，自己继续向前走。后来在路上遇到一位猎人，他便把自己漂亮的衣服换给猎人。从这个时候开始，他也成为了一个苦行者。这一年，他29岁。

释迦牟尼离开迦毗罗卫城，一路行游，他曾经向两位比他年长的苦行者学习和请教，但他们没有能够解决他心中的疑惑。释迦牟尼最后来到摩揭陀国的王舍城，这个地方在今天印度的比哈尔邦境内。为了获得解脱之道，他在王舍城附近一处地方实行了各种各样的苦行，如在烈日下暴晒，枯坐终日，抑制呼吸，控制饮食，有时甚至一天只吃一粒米，最后弄得自己身体十分羸弱。但即使这样，他也没获得解脱之道。于是，他毅然决定放弃苦行，接受了一位牧羊女给他的奶粥，重新进食。和他一起修习苦行的另外五个人，见他改变了初衷，就不再理他。

释迦牟尼继续行游，最后到了一个后来称作菩提伽耶的地方，这个地方离摩揭陀国的古都王舍城不远，也在今天印度的比哈尔邦境内。这里有一棵大树。他在这棵树下坐下来，发誓道：如不觉悟，决不起来！据说就是在这棵树下，释迦牟尼静坐、沉思了很久很久，最后终于大彻大悟，明白了宇宙和人生的最高道理——他的愿望实现了，他成"佛"了。于是这棵树后来就被称为"菩提树"。"菩提"在印度语言中的意思就是"觉悟"。这时从释迦牟尼离开家，从迦毗罗卫出走，寻求解脱之道算起，时间刚好过去了六年。

"佛"是一个译音字，中国古代又译为"佛陀"，意思是"已经觉悟了的人"。释迦牟尼觉悟了，所以他就可以被称为佛或佛陀。他创立的宗教也就叫作佛教。释迦牟尼后来还得到其他一些名字，比如我们常说的"如来"或"如来佛"，还有"薄伽梵"等。这样的名字，一共有十多个。这些名字，都包含有尊敬和称赞的意思。

释迦牟尼得道成佛，宣告了佛教的创立。可是他最初在菩提树下悟到的究竟是一些什么道理呢？依照大多数佛经中的说法，释迦牟尼当时先是对一切众生起慈悲心，看到众生生死轮回，善恶报应，受苦受难，所有这些，究竟是因为什么呢？释迦牟尼由此想到，世间一切事物都有因果关系。他仔细地分析这些因果关系，得出一个结论，认为这其中有十二种互相联系的"因缘"，它们就是生死的根源。这就是"十二因缘"的说法，这个说法后来成为了佛教最基本的学说之一。

释迦牟尼成佛的故迹，至今犹存，在今天印度比哈尔邦南部的伽耶城附近，现在称作菩提伽耶。当年他坐过的地方现在叫作金刚座，金刚座上方，就是那棵有名的菩提树。时下的菩提树，树干粗壮，枝叶扶疏。唐代玄奘到印度求法，专门到这里礼拜过。不过，玄奘说，他礼拜的树，已经不是1000多年前的那棵古树了，而是从古树的枝条重新生发起来的。释迦牟尼在此成道，这里因此成为了佛教最有名的圣地，每年都有许许多多佛教徒前来朝拜。

释迦牟尼悟得大道，成了佛，他一度犹豫，是不是应该把他悟得的道理告诉其他人。经过一番考虑，他决定还是把他的主张告诉大家。他先来到古代迦尸城附近的一处地方，名叫鹿野苑。他在这里，找到以前和他一起苦行过，但后来因为他放弃了苦行而跟他分手的五位苦行者，向他们讲说他刚悟得的道理。那五个人开始不想理他，但经过他一番说服，最后接受他讲的道理。他们于是成为了释迦牟尼的弟子，也是最早的一批佛教信徒。

这是释迦牟尼的第一次说法，被后世的佛教徒称作"初转法轮"。"轮"本是指古代印度的一种武器。佛教徒把释迦牟尼的学说称作佛法，认为佛法就像是"轮"一样的武器，威力强大，能够摧毁一切不正确的观念和事物。鹿野苑在今天印度北方邦瓦拉纳西城的附近，因为释迦牟尼在此"初转法轮"，也成为佛教另一处有名的圣地，每年也有世界各地许多佛教徒前来朝圣。

释迦牟尼有了第一批五位弟子以后，陆续入教的还有迦尸城的富家弟子耶舍。耶舍带来五十四位信徒。接着是迦叶兄弟三人，也带来五百人。另外还有舍利弗、大目犍连等人。于是释迦牟尼的弟子和信徒日渐多了起来。他为弟子们说法，弟子们也听从他的指导。这些出家的信徒们形成一个宗教团体，印度语言称作"僧伽"。我们中国把出家的佛教徒称作"僧人"，"僧人"中的"僧"字，就是从这里来的。

到了这个时候，佛教徒们常说的佛教"三宝"，即：佛——释迦牟尼本人，法——释迦牟尼所宣传的教法，僧——佛教的团体，都全部具备，佛教也就算完全建立了起来。用佛教的说法，这称作"三宝具足"。

释迦牟尼正式创立佛教后，便带着他的主要弟子，在北印度一带行游，行游中宣传佛教的教义。他三十五岁成道，活到八十岁，其间亲自传教的时间有四十五年。佛经中讲，他说服了摩揭陀国的瓶沙王信仰佛教，成为他的好朋友。瓶沙王的儿子阿阇世弑父自立后，开始时反对释迦牟尼，可是后来也信奉了佛教。拘萨罗国的波斯匿王，跋蹉国的优填王，也都是释迦牟尼的好朋友，支持佛教，对佛教都很友好。

当时的商人，势力很大，释迦牟尼从他们那里也得到很多支持。传说拘萨罗国有一位有名的富商，人称给孤独长者。给孤独长者也是释迦牟尼的追随者，信仰佛教。拘萨罗国的首都称作舍卫城，他打算在舍卫城买下一座园林送给释迦牟尼。园林选好了，园林的主人名叫祇陀，却不肯出卖。祇陀是拘萨罗国王的太子，他提出条件，要给孤独长者用金子铺满整个园子，他才出卖。给孤独长者立刻取来金子，铺在地上。金子铺到了一半的地面，太子被感动了，把园子的土地卖给了给孤独，园子里所有的树木，则作为他自己的礼物，奉献给了释迦牟尼。于是人们就把两个人的名字合起来，称这座园林为"祇树给孤独园"，简称"祇园"。佛经中讲，释迦牟尼经常住在祇园，很多故事也发生在祇园。祇园后来也成为佛教有名的圣地。在家信教的人，佛教称为"居士"。居士中很多是富有的商人，释迦牟尼在世时以及去世后，他们在经济上都给了佛教很大的支持。

释迦牟尼新建立的佛教，在思想理论上与传统的婆罗门教完全不同。佛教反对婆罗门教的种姓制度。释迦牟尼的弟子中各个种姓的人都有。传说他有十位大弟子，其中一位名叫优波离，出身是剃头匠，这在印度属于很低级的种姓。弟子中还有妓女，也有猎人，也有改邪归正的强盗，等等。释迦牟尼曾经打比喻说：河流在进入大海以前，各有自己的名字，一进入大海，就没有区别了。不同种姓的人信仰了佛教，只要进入了僧伽,也和这一样。因此,佛教受到中下层群众普遍的欢迎,得到了他们的支持。

释迦牟尼还同意了女子出家。佛经中的故事讲,释迦牟尼的姨母瞿昙弥,也就是释迦牟尼的继母,当年释迦牟尼母亲去世后,曾经抚养他长大,向他提出了出家加入佛教的要求,希望出家追随他。释迦牟尼开始不答应,他姨母便苦苦请求。他的弟子,也是他的堂弟阿难也帮着求情,他只好同意了。可是他又感慨地说:佛教在世上本来可以兴盛一千年,这样一来,就只有五百年了。这样看来,释迦牟尼最初有些轻视妇女。这也不奇怪,古代社会,妇女的地位一般都比男子低,但妇女们很多也有自己的宗教追求,能够与男性一样地出家,在当时也算是前所未有的事。

佛教中出家的男子叫作"比丘",女子叫作"比丘尼",二者一个意思,都是"乞讨为生的人"。在中国,女子被称为"姑",后来有人在比丘尼后面加上一个"姑"字,比丘尼往往也被称作"尼姑"。不过,"尼姑"一名显得比较轻佻,今天如果尊重出家的女性僧人,最好不要使用。

释迦牟尼后来回过一次家乡,他的妻子耶输陀罗、儿子罗睺罗和其他许多亲友也都跟着他出了家。

在释迦牟尼传教的45年间,他主要的活动地点是在摩揭陀国和拘萨罗国。他常住的地方,像摩揭陀国王舍城的竹林精舍和拘萨罗国舍卫城的祇园精舍,遗址至今还在,今天也都是佛教徒心目中的圣地。

到了八十岁那年，释迦牟尼从北印度的吠舍离城出发，来到一处叫作拘尸那揭罗的地方。他在路上吃了人家供献的食物，这种食物有的人说是猪肉，有的人又说是一种与猪肉同名的蘑菇。总之，释迦牟尼吃了这种食物后，就生了病。他的病越来越重，但仍坚持出去传教。一天，他走到拘尸那揭罗城外的两棵娑罗树下，再也支持不住了。最后，他躺卧在地上，溘然辞世。

释迦牟尼的去世，佛教徒称为"涅槃"。涅槃是个译音词，意译为"灭度"或者"寂灭"。在佛教徒看来，释迦牟尼的涅槃和他的得道一样，都是了不起的大事。他们认为，释迦牟尼的涅槃不是一般意义上的去世，而是通过修行，最后达到的一种最高的宗教境界。为此释迦牟尼树立了一个榜样，后来的佛教徒们，如果遵循释迦牟尼的教导，精进修行，最终也有可能达到涅槃的境界。只有达到涅槃的境界，才能断灭一切生死根源，消除所有的痛苦烦恼，脱离轮回，得到彻底的解脱。

我们今天在一些寺庙里，有时能看见"卧佛"的塑像，那就是释迦牟尼涅槃时的形象。他侧身而卧，右手支颐，瞑然闭目，自在安详。当然，这样的形象是后来雕塑家们根据佛经中的描述而塑造出来的。释迦牟尼在世时和去世后相当长的一段时间里，并没有人为他塑过像。早期佛教也没有塑像的做法。

　　释迦牟尼去世后，按照印度的传统，他的弟子和信仰佛教的信徒们为他举行了火葬。释迦牟尼火化后的骨灰，被称作"舍利"，舍利是佛教徒崇拜的圣物。佛经中的故事讲，当时有八个国王抢着要佛的舍利，几乎打了起来，最后只好平均分配。国王们得到舍利后，分别带回到自己的国家，专门建造了佛塔，把舍利藏在里面，供人瞻仰和朝拜，这样的塔，就叫作舍利塔。拘尸那揭罗城也因为释迦牟尼在此涅槃，后来成为佛教的圣地之一。

　　释迦牟尼一生的故事，在佛经中有很多记载，各种记载大同小异。这些故事有一定的历史事实作为根据，但很多情节经过释迦牟尼以后的佛教徒长期地、反复不断地加工和改造，最初的故事往往比较简单，后来就越来越复杂，中间还穿插进各种神异的情节，最后成为现在看到的样子。

　　释迦牟尼虽然去世了，但他创立的佛教在印度的社会上已有较大的影响。出家的佛教徒在他的带领和指导下，已经组织成团体，也就是僧伽。以僧伽为中心，还有更大数量的在家信徒。释迦牟尼去世以后，弟子们继续宣传他的思想和教言。他建立的佛教的理论，后来继续变化和发展。佛教的影响和势力日益增长，很快成为印度的，后来又成为世界范围内的一大宗教。

第二讲　早期佛教：教义、制度与经典

　　从释迦牟尼创立佛教起，到佛教内部第一次发生公开的大分裂，这段时期一般称作早期佛教时期。时间大致从公元前5世纪开始，大约到公元前3世纪中叶。

　　早期佛教，有人又把它称作原始佛教，或根本佛教。早期佛教的面貌和较晚时代的佛教有许多不同的地方，从前者到后者有一个长期发展变化的过程。

　　早期佛教的主张和学说，一般认为比较接近释迦牟尼本人的说教。它大致包括"十二因缘""四谛""八正道"这几种理论。

　　什么是"十二因缘"呢？简单地说，就是十二层因果关系。它们分别是：无明（无知、愚痴）、行（由无明而导致行为产生）、识（由行而引起认识）、名色（名称与物质形体，这里指由识而有精神和肉体）、六入（由名色而有眼、耳、鼻、舌，身、意六种感官的活动）、触（六种感官与感觉对象的接触）、受（由接触引起感受）、爱（由感受引起贪爱）、取（由贪爱引起对于外界事物的执着）、有（存在，由于执着而存在）、生（由存在产生生命）、老死（生必定老死）。这十二层因果关系，究竟具体该怎样解释，一直有种种不同的说法，不同的人有不同的理解。但其中有一点比较清楚，理解也基本一致：十二因缘中，最根本的是无明。由于有无明，逐层引发，最后导致老死。因此生死的根源就在于此。要消除人生的痛苦，要得到解脱，从根本上讲，就要消除无明。消除了无明，就得到"明"，"明"就是觉悟，觉悟了就是佛，得到彻底的觉悟就成为佛。

"四谛"又称"四圣谛"。谛是真谛、真理。四谛就是四种真理。它们是：苦谛、集谛、灭谛、道谛。苦谛说明现实世界"一切皆苦"；集谛指造成各种痛苦的原因；灭谛是说明佛教修行的目的，就是要消灭这些痛苦；道谛指佛教为实现这个目的所提出的理论和方法。

可以看出，在四谛的学说里，根本的一条是"苦"。佛教把现实和人生都看成是各种各样、无休无止的痛苦。佛经上讲人有八种痛苦：生苦、老苦、病苦、死苦、怨憎会苦（自己讨厌的人，本不愿与其相处，却又不得不相处在一起，使人痛苦）、爱别离苦（相爱的人偏偏不得不分离，使人痛苦）、求不得苦（追求的愿望不能实现，使人痛苦）、五盛阴苦（人的身心由五种成分，色、受、想、行、识所组成，五种成分都是痛苦）。有的佛经讲，人最初在娘肚子里就有痛苦，出生时痛苦，长大更痛苦，死时还痛苦，这痛苦甚至在人死后也还存在。佛教的最终目的，就是要消灭这所有的痛苦，求得解脱而达到涅槃。

　　佛教的这些主张，让人感觉佛教似乎带有一种消极和悲观主义的色彩，这使得近代一些研究佛教的学者干脆把佛教叫作"悲观宗教"，认为它的宗教哲学思想是一种"悲观哲学"。早期佛教为什么会有这种特点？一种说法认为，这和它产生时的社会文化背景、各个民族和各个社会阶层之间紧张的关系有一定的关系。当时，释迦牟尼所属的部族和国家正受到外族的压迫和威胁，所以他的思想表现出悲观的倾向。不过，这样的解释恐怕太简单。要了解佛教的思想基础，恐怕更多地需要从印度思想文化自身、印度人自古以来对宗教信仰的追求，以及人性的特点来考虑。佛教虽然有"四谛"的说法，"四谛"的第一条确实就是"苦谛"，但这只不过是对人生中不可避免地存在的痛苦和烦恼原因的一种解释。佛教，包括释迦牟尼本人，也有向上积极争取的一面，不能说佛教完全就是一种"悲观"的宗教。

　　为了消灭痛苦，求得解脱，释迦牟尼提出了八种具体的途径和方法，这就是"八正道"。

　　"八正道"是：一、正见（正确的见解）；二、正思惟（正确的思考）；三、正语（正确的言论）；四、正业（正确的行为）；五、正命（正确的生活）；六、正精进（正确的努力）；七、正念（正确的意念）；八、正定（正确的精神专注）。八正道总的意思是要求人们对宇宙和人生要有"正确"的认识，在生活上遵循"正确"的原则。从这一点看，佛教在初期神秘主义的成分并不太多，释迦牟尼最关心的主要是一些道德实践和行为方面的问题。

早期佛教还有一个重要观点，即所谓"无我"的说法。

什么叫"无我"呢？"我"这个词，在这里是作为一个哲学上的概念，意思是指个体的与世界的灵魂，也就是指一种精神的存在。"我"有两种："小我"和"大我"。"小我"指个体的灵魂，每个人都是一个"小我"。整个世界也有灵魂，那就是"大我"。"我""大我"以及"小我"的说法，最早由婆罗门教提出来，是婆罗门教很重要的一个主张。佛教反对这个主张，针锋相对地提出"无我"的说法。佛教认为，世间一切不断变化，"诸行无常"，即所有的事物，包括人自身在内，都没有一个永恒的、独立存在的实体。因此，在一切事物和现象中就没有一个起主宰作用的"我"存在。

佛教"无我"的说法以后还有一些发展和变化，但后来的佛教各派基本上或至少在形式上还是坚持这个说法。不过，"无我"的说法和佛教的"业报轮回"的说法又有一定的矛盾。什么是"业报轮回"呢？前面在介绍沙门思潮时已经简单讲过，它不是释迦牟尼的发明，而是释迦牟尼从印度传统的思想理论中继承而来的。世间有业报，众生要轮回，那么是什么承受报应？参加轮回的主体又是什么？是灵魂，也就是"我"吗？这些问题释迦牟尼没有回答，也没有做更清楚的解释。这个问题实际上也很难做更清楚的解释。因此，后来的佛教徒为了解决这个问题，也提出了一些说法，希望能有所解释，但仍然有解释不清楚的地方。办法之一是提出了一个新的概念，称作"补特伽罗"，认为"补特伽罗"就是轮回的主体，但这样又几乎等于变相地承认了"我"或者说灵魂的存在。

　　上面所说的早期佛教的这些观点，后来有人用佛经中的几句话做了一个总结，几句话是：诸法无常，诸法无我，涅槃寂静，一切皆苦。

　　早期佛教还反对创世神的说法。在释迦牟尼看来，世界上并没有一个全知全能、创造一切、主宰一切的至高无上的神，当然更不需要去信仰和崇拜这样的神。佛教没有像基督教那样的"上帝"，也没有像伊斯兰教那样的"安拉"。这是它和后两种宗教很不相同的一个地方。释迦牟尼本人并不认为自己是神，他的信徒们最早也不把他看成是神，而是看作导师，看作自己信仰的宗教的领袖。大家崇拜释迦牟尼，是因为他能为大家指出达到解脱的道路。释迦牟尼是伟大的"觉者"，已经"觉悟"，所以称他为"佛"，与"释迦牟尼"这个名字合在一起，就是"释迦牟尼佛"。

　　因此，有的人认为，早期佛教是无神论或具有无神论倾向的宗教。这有一定的道理，虽然对此也有人持不同意见。

　　上面也讲了，出家的佛教徒，因为共同的信仰，生活在一起，形成一个团体，这个团体称作"僧伽"。僧伽的意思，是集合在一起生活的一群人。僧伽的每一位成员，就是僧人。僧人们住在一起，为了管理和协调宗教及日常的生活，需要定出一些规则，这些规则就称作"戒律"。最早的戒律应该是由释迦牟尼亲自制定，它规定佛教徒要戒杀、戒盗、戒淫、戒妄语（说假话）、戒饮酒以及其他的一些条款。但这只是最基本的要求，作为僧人，要求更高。佛教的戒律，从最简单的开始，逐步增加和完善，发展到后来，变得越来越严格，越来越复杂，从五条（五戒）、八条（八戒）、十条（十戒），一直到数百条。戒律对出家的佛教徒的要求，要比对在家的佛教徒严格；对女僧人的要求，要比对男僧人严格。后来佛教出现不同的派别，称作"部派"，在长期的历史过程中，各个部派往往形成了自己的律的传统，各自有各自的律，各种律的文本在内容上有大小不等的差异。不过，各种律的文本虽然有差异，但基本的内容大致一样，差异仅仅只在一些具体的、比较细的地方。

依照佛教律的规定，佛教的僧伽一律实行自我管理。僧伽之内，虽然僧人的地位因出家时间的先后而有差异，既有具有资历和权威的上座，也有普通的僧众，但重要的事项由集体决定，这让僧伽内部和僧伽的制度体现出一种民主的精神。这一点，在印度早期佛教中表现得特别明显。

依照佛经中的记载，释迦牟尼去世后，还发生过一件在佛教史上有重要意义的事，这就是"结集"。

所谓结集，是指佛教徒们集会到一起，轮流背诵佛教的经典，然后统一确定内容。所以结集又叫"合诵"或"会诵"。释迦牟尼在世时，只是口头说法，没有文字记载。现在释迦牟尼去世了，他的教言需要弟子们记住、学习、遵照执行，编纂成经典，也就是佛经。怎么办？办法就是佛弟子们坐在一起，把自己记忆中的释迦牟尼说过的话唱诵出来，经过集体的审订，确定为经典。

佛经里讲，在释迦牟尼去世的当年，弟子们在王舍城附近的一个叫作七叶窟的地方举行了一次集会，主持人是释迦牟尼的大弟子迦叶，有五百位僧人参加，专门讨论怎么把释迦牟尼在世时给大家的教言记录下来，编为经典的事。这就是佛教史上的第一次结集。

在这次结集上，由释迦牟尼的另一位大弟子阿难主诵。据说阿难是释迦牟尼生前最贴近的侍从，记忆力又最好，知道的事很多，号称"多闻第一"。他诵出的释迦牟尼的教言，被称作"经"。释迦牟尼还有一位大弟子叫优波离，据说平时最能遵守戒律，号称"持律第一"，于是就由他诵出释迦牟尼所制定的戒律。

从情节上看，这个故事只能说大致可信。释迦牟尼在世的时候，他对弟子们确实应该有很多教言。最早的佛经，确实应该是根据这些教言而编成。但我们今天所能见到的佛经，其中最早的，也是在释迦牟尼去世数百年后才逐渐形成和定型，其中应该包括有释迦牟尼自己的话，但也有很多后来加进去的内容，尤其是场景的描述语，人物的设定和整理时形成的文本格式。

　　释迦牟尼在世时，用什么语言说法，也一直是一个有争议的问题。释迦牟尼创立佛教以后，为了让佛教更接近一般民众，让民众更容易理解他的主张，明确地反对使用当时婆罗门阶层最熟悉的梵语作为佛教传教的语言。释迦牟尼要求他的信徒们使用"自己的语言"，也就是当时当地的语言作为传教的媒介。"自己的语言"究竟是什么语言呢？斯里兰卡的佛教，从一开始，就使用印度古代的一种方言，称为巴利语的古代语言作为经典语言，斯里兰卡的佛教徒因此解释，释迦牟尼说法使用的，就是巴利语。但这个说法很可疑。更多的学者认为，释迦牟尼一生，尤其是在他创立佛教后，大部分时间都居住在古代印度的摩揭陀国或是与摩揭陀国相邻的地区，他传教时使用的，最有可能是当时摩揭陀地区流行的一种方言，称作"半摩揭陀语"。这样的解释显得比较合理。但这也只是推测，以"半摩揭陀语"写成的佛经，即便是有过，现在也见不到。

　　今天我们看见的来自印度的佛教经典，相当的一部分的确是用梵语写成。这些梵语的经典，其中一部分是从更早的非梵语的经典转变而来，更多的是在晚一些的时候直接用梵语写成，名义上是释迦牟尼所说，其实是后来的佛教徒编撰的。今天能够看到的佛教经典，保留在印度语言中的，除了有梵语佛经和巴利语佛经，还有近代通过考古在中亚地区发现的，用古代印度西北部的一种今天一般称作"犍陀罗语"的语言写成的一些残本。梵语佛经又可以分为两类，一类使用的是比较标准的梵语，另一类使用的是"混合梵语"。后者比前者时代更早一些，因为其中保留了更早的古代印度语言的成分。

从佛经的内容讲，我们今天看见的佛经，包括三个大的部分：经、律、论。

经和律是佛教的基本经典。经又称为"经藏"，律又称为"律藏"。还有一类专门讨论佛教教义的著作叫作"论"，又称"论藏"。这三者合称"三藏"。"藏"的原意，是指盛放东西的竹箧，这里用来指内容相近的一大类经典。通晓"三藏"的佛教僧人，可以称为"三藏法师"。中国唐代的高僧玄奘，就是一位通晓三藏的法师，因此又被人称作"唐三藏"。当然，在唐代被称为三藏法师的僧人不止玄奘一位，同时代的义净，还有不空，也都被当时的人称为三藏法师。只是如果要被称为三藏法师，要求也很高，所以历史上大家都认可的三藏法师总数并不多。

第三讲　佛教的分裂与广泛传播

释迦牟尼逝世百年以后,佛教的教团出现了公开的大分裂。在佛教史上,这些分裂的派别被称为"部派",因此这个时期的佛教一般就称作"部派佛教"。

根据佛经中讲到的故事,释迦牟尼还在世的时候,佛教内部其实就已经发生过一次分裂。释迦牟尼有一位堂弟,名叫提婆达多。他最初跟随释迦牟尼出家,后来却反对释迦牟尼。提婆达多从佛教僧团的内部,集合了一些人,形成了自己的派别。但提婆达多分裂活动的规模不大。不过,即使在提婆达多和释迦牟尼去世之后,这一派还继续存在,至少是到公元7世纪。公元7世纪的前期和中期,中国僧人玄奘和义净到印度求法,他们都在印度一些地方见到了一些行为与佛教徒类似,但又有所区别的人,声称他们是当年的提婆达多的追随者。

释迦牟尼去世以后,在第一次结集时,释迦牟尼的弟子们也发生过一些争论。但这些争议没有导致佛教僧团的分裂。公开的大分裂,最后形成具有不同主张,在传承和组织系统以及宗教制度实践上也有所区别的僧团,这是第一次。

　　佛教有几部重要的文献，专门讲佛教的戒律，其中几乎一致地讲到一个故事：在释迦牟尼去世百年以后，住在古印度东部吠舍离城的跋蹉族僧人，提出了十条新的主张，佛经里称作"十事"，也就是僧人日常生活和宗教修行中的十件事情，跋蹉族的僧人认为，这十件事，可以做，并不违反原来制定的戒律的规定。但这受到了住在西部摩偷罗城、以耶舍为首的佛教长老们激烈的批评。长老们反对这样做，认为这违反了佛教的戒律。于是双方发生激烈的争论。耶舍为此召集了七百僧人在吠舍离城举行结集，重新审定戒律，宣布"十事"为非法的主张。与此同时，认为"十事"为正确主张的僧人们也另外集合在一起，也举行结集。佛教的僧团于是分裂为两个派别。耶舍这一边大多是僧团中的长老，地位高，思想比较保守，自认为是正统派，长老在佛教的活动中坐在上首，所以也称为上座。这一派后来就被称为"上座部"。跋蹉族僧人这一边，思想和行为都带有"自由化"的倾向，往往被认为是非正统派，但他们人数较多，后来就被称为"大众部"。

　　在佛教史上，这次分裂称为"根本分裂"。这次结集是佛教历史上的第二次结集。

　　不过，一些年代比较晚一些的佛教文献中也有另外一种说法。依这种说法，释迦牟尼入灭后一百年或者是二百年的时候，有一位名叫大天的僧人，提出了五条新的教义，合称"五事"，"五事"的内容，基本不涉及佛教的戒律规定，但与此前普遍接受的教义很不一样，遭到长老们的反对。僧人们对此进行争论，有的支持，有的反对，由此分裂成上座和大众两大派。

从各方面的情况分析，两种说法中，后一种说法，不仅晚出，叙述的故事中也有很多自相矛盾之处，因此不是很可信。

佛教的分裂，不论是因为跋蹉族僧人的"十事"，还是大天的"五事"，都反映了一个情况，那就是，这个时候的佛教，面临新的形势和变化，在各个方面，许多问题，包括戒律，也包括一些教义，僧人中都会出现不同的意见。在这种情形下，发生分裂其实不可避免。世界上的所有的宗教，所有的团体，在历史上都是这样，无一例外。

在释迦牟尼在世和他去世后的一段时间里，佛教虽然得到了比较大的发展，但是它流行的地区主要还是在北印度的恒河流域一带。佛教比较接近中下层群众，僧人们的宗教生活也比较严格。随着佛教进一步的发展，传播的地区也逐渐扩大，最后传播到整个印度。佛教的影响大了，传播广了，必定需要适应不同地区的社会环境，适应当时当地各个方面、各个阶层不同的要求，自身就不能不发生种种变化，引起内部的争论，最后导致公开的分裂。这是这个时候佛教发生分裂的更重要的一个原因。

比如，在跋蹉族僧人提出的十条新主张中，有一条涉及僧人能不能接受人家赠送的金银财物的问题。对于这种事，早期佛教的戒律规定是不准的，可是跋蹉族僧人认为可以，他们中的一部分人，乐于接受更多形式的馈赠。这就说明，佛教在这时与世俗社会的关系更加密切。至于大天所提出的"五事"，目的也是为了在新的条件下对佛教的一些理论做大幅度的修改。

佛教分为上座、大众两部以后，分裂的倾向并未停止。根据佛教文献中讲到的情况，在这以后的两三百年间，上座、大众这两部继续分裂，最后出现了所谓十八个或二十个部派。这又称作"枝末分裂"。可是关于这些部派的名称、出现的时间、前后的关系、它们各自的主张，各种文献里有不同的说法。实际上，十八部派或者二十部派，也不是一个准确的数字。现在知道的是，这十八或者二十个部派中最主要的，除了最早的上座、大众两部外，还有说一切有部、根本说一切有部、正量部、化地部、法藏部、迦叶部、说出世部等。其中一些的名称，可以在印度近代发现的古代碑铭或者写本中见到。

不过，这里需要注意的是，"部派"这个名称，只是对这个时候出现的各类佛教派别的一个统称。佛教讲的"部派"，有的是因为使用和执行的戒律不一样而形成的不同的派别，这是最多、最主要的一种情形。佛教主要的部派，都有自己的戒律，称作"广律"。有的则是因为在一些宗教理论上的分歧，有的则很可能主要是因为地区不同，便有了具有地区性特点的部派。分裂发生在不同的时间，判别部派，也有不同的标准。

这一点，对于理解究竟什么是"部派"，其实很重要。

这些部派里面，上座部的一部分，在公元前3世纪中期从印度传到斯里兰卡等地，延续至今。斯里兰卡的佛教，后来就成为上座部的代表。另一个部派，称作说一切有部的，从最初的上座部分裂而出，后来有很大的影响，在公元前和公元后很长一段时间，主要流行于古印度西北部的克什米尔和犍陀罗地区，进一步流行于今天的阿富汗和中亚地区。再进一步传到了今天中国的新疆地区，成为很长一段时间最有影响的佛教部派。再后来，说一切有部又有所分化，其中的一部分，认为自己代表了说一切有部最早的传统，因此又称自己为根本说一切有部。公元6、7世纪时，根本说一切有部在印度也一度很有影响。

其他的一些部派，例如大众部和法藏部，也传到了印度以外的地区，例如今天的阿富汗和中国的新疆地区。

佛教在这个时候分裂，其实有利于它扩大影响。不同的部派互相争论和讨论，理论上都有新的发展。各个部派使用的语言后来也有一些区别，例如南传的上座部，使用巴利语，北传的说一切有部，先是使用犍陀罗语，后来更多地使用梵语。也可能还有使用其他印度古代语言的部派，不过更多的情况今天已经不是很清楚。

在这一时期，印度历史上发生了一些重要的事件。公元前327年，著名的希腊马其顿国王亚历山大在征服了埃及、叙利亚、波斯以后，率领他的军队，翻过兴都库什山，侵入古印度西北部。公元前326年，他的军队到达犍陀罗，占领了犍陀罗的呾叉始罗城。可是他越往东进，遇到的抵抗越强烈。长期的征战和难以适应的气候条件使他的士兵们士气低沉，缺乏战斗力。这位威震欧亚的常胜国王第一次遇到了难以克服的困难。公元前325年，亚历山大在已经占领的今天信德和旁遮普西部的一些地方留下部分军队驻守，然后率领主力分水陆两路撤出印度，回到波斯，也就是今天的伊朗。两年以后，他死在了波斯。

亚历山大军队的入侵，使印度的政治形势发生很大的变化。这时，恒河流域的摩揭陀国有一名叫旃陀罗笈多的首领，乘机推翻了原来的难陀王朝，建立了一个新的王朝，历史上称作孔雀王朝。旃陀罗笈多定都华氏城，也就是今天印度比哈尔邦的首府巴特那。摩揭陀国在旃陀罗笈多的领导下，日益强大，基本上统一了北印度。到他的孙子阿育王继承王位时，孔雀帝国的地域更加扩大，包括印度北部和西北部，还扩展到今天阿富汗的东部和南部。孔雀帝国成为印度历史上第一个疆域庞大的大帝国。

"阿育"的意思是"无忧"，阿育王这名字，也可以意译为无忧王。阿育王是印度古代最有名的国王，也是佛教史上非常出名的人物。他在位的时间在公元前3世纪中期。

后代的佛教徒非常尊敬阿育王，认为他是佛教的"护法大王"。据阿育王时代的一个石刻诏书记载,阿育王即位后的第8年,便发动了对南印度羯陵伽国的战争。战争以阿育王的胜利结束,可是战争所带来的灾难令人触目惊心。阿育王目睹无数的人死于战祸,无数的人遭受痛苦,他深为内疚,便开始忏悔,决心放弃暴力,放弃以战争作为征服的手段。一般认为,阿育王从此就接受了佛教的理念,信仰了佛教。

对于阿育王,佛教方面有很多传说。这些传说,部分可信,一部分也是后来逐步渲染,逐步形成的。

从阿育王方面看,他信仰佛教,一方面是因为他思想理念的转变,同时应该还有另一个方面的原因:他建立的国家,已经空前的庞大,在他的国家里,需要一种思想方面的资源,帮助他更好地治理这个国家。佛教显然可以在这方面发挥作用。

阿育王是第一位积极地把政治和佛教结合起来的国王。他宣称:征服不应凭借战争,而应当依靠"正法"。他说的正法,不仅仅指的是佛教的正法,也包括他认为正确的印度传统的一些政治和社会伦理观念。阿育王在政府中设置了专门的职能部门,管理宗教事务。他还对佛教僧团内部的事务提出指导意见,要求僧人们保持团结,否则他就给试图分裂的人以处分。他派出许多人到邻近的国家和地区去传播佛教。他的儿子摩哂陀(也有人说是他弟弟)是一位佛教徒,被派到今天的斯里兰卡传教,从此佛教开始在斯里兰卡流行。石刻的铭文材料上说,他派出的人还到达了今天地中海附近的一些国家,向这些国家的国王宣传正法。佛教在这些地区虽然后来并未发生影响，但这一行动在外交上对阿育王却具有一定的意义。

阿育王对佛教给予了最多的关注和支持，不过他对耆那教、婆罗门教等也很友好。显然，所有这些宗教，对阿育王来说，都可以接受。

依照南传佛教的说法，在阿育王的支持下，摩揭陀国的首都华氏城举行了佛教的又一次结集。这次结集的召集人据说是阿育王的"国师"目犍连子帝须，参加的僧人有一千人。结集的结果，又重新审定了佛经，编辑了一部叫《论事》的著作，对当时佛教内部和外部的各种"异端邪说"进行了批判。结集以后，派出了一批僧人到恒河流域以外的印度其他地区，也包括不属于印度的中亚和东南亚地区宣传佛教。

佛教的传说还讲，由于信奉佛教，阿育王在印度建造了八万四千座佛塔。阿育王建的佛塔，可能不少，但这个数量显然只是一个夸张的说法。历史事实是，阿育王不仅建造佛塔，更重要的是在印度不同的地方还建了一批石柱。他把他颁布的敕令镌刻在其中一些石柱的柱体上，或者镌刻在特定地方的岩石上。这些敕令，是印度历史上目前能够见到的最早的文字记录，对于研究印度历史包括佛教的历史，都极为重要。

阿育王建造的石柱，很多已经消失或者毁损，现在能见到的，都是重要的历史古物，也往往是精美的大型艺术品。其中最著名的，是他在释迦牟尼最初说法处鹿野苑树立的一根纪念石柱。这根石柱高达4.5丈,直径2尺多,柱顶上是4只连身的雄狮,雄壮英武,精美绝伦,柱身光滑如镜,用中国唐代玄奘的话说,是"石含玉润,鉴照映澈",实在是一件艺术的精品。石柱上还镌有当年的铭文。柱头上的狮子,今天已经成为印度的象征,印度共和国的国徽便取用了柱头的形象。

阿育王死后,孔雀帝国迅速衰落。南方的案达罗和羯陵伽重新独立,西北地区也脱离了孔雀王朝。公元前185年前后,新的巽迦王朝取代了孔雀王朝。新王朝的国王信奉婆罗门教,反对佛教。佛教这时受到了一些打击。

亚历山大东征,到达了印度的西北部。他离开印度时,留下了他的一部分军队,驻守今天的阿富汗以及古代印度的西北地区。这些希腊人后来就在这里建立了独立的国家。这些国家的国王和官吏,是希腊人及希腊人的后代,人民大部分仍然还是当地人。这些希腊人虽然使用自己的语言,但很快就接受了印度文化,也接受了佛教。希腊人的国王中,有一位名叫弥兰陀的国王,历史上信仰佛教的希腊国王中,他最有名。

弥兰陀王的年代,大致在公元前2世纪的后半期。现存的汉译佛经中,有一部《那先比丘经》,讲的就是弥兰陀王如何接受佛教信仰的故事。故事中讲,弥兰陀王是大夏国的国王,知识渊博,善于与人辩论。弥兰陀王最初并不相信佛教。由于对宇宙和人生哲学有许多难以解答的疑惑,他常常感叹说:"整个印度都是一片空虚! 有谁能与我辩论,解决我心中的疑惑!"一次,他遇见一位名叫那先的比丘,也就是僧人。那先比丘安详而文静的外表引起了他的注意。第二天,弥兰陀来到那先住的地方,同那先讨论了一系列的问题。弥兰陀王提出许多问题,那先都一一用佛教教义做了回答。弥兰陀王心中所有的疑惑都得到了解决,从此信仰了佛教。

这个故事,也记载在斯里兰卡的巴利文佛经中。巴利文佛经有一部经典,书名就叫《弥兰陀王问经》,其中讲到的内容,与汉译的《那先比丘经》几乎完全一样。

这个时候的佛教,除了在西北印度中得到很大的发展外,在南方的案达罗也取得了进展。有一段时间,案达罗的国势很强,几乎控制了整个南印度。在案达罗国,有几个不同的佛教派别。但是婆罗门教的影响在南印度始终比较大。

大约在公元前2世纪中叶,在今天的阿富汗北部地区,又兴起了一个新的国家。这个国家由大月氏人所建立。中国的史书记载,大月氏人原先居住在中国西部的敦煌、祁连山一带。公元前2世纪初,也就是中国的西汉初年,大月氏人因为受到匈奴人的压迫,逐渐西迁,先是到达今天乌兹别克斯坦一带,进一步到达今天的阿富汗的北部。他们在这里定居下来,这一地区在中国的史籍中称为大夏。公元前138年,中国的汉武帝,派遣张骞出使西域,目的地就是大夏。汉武帝希望能够与定居在大夏的大月氏人联合,共同打击匈奴,只是这个目标最后没有成功。中国的史籍记载,大月氏人分作五个大的部落，每个大部落的首领称作"翎侯"。五部中有一部称作"贵霜"。大约在公元1世纪前后，贵霜翎侯攻灭了其他四位翎侯，把五部统一为一个国家，这个国家在历史上被称为贵霜帝国。

贵霜帝国建立后，国势一度非常强盛，陆续南下进攻印度。到了公元2世纪前期，第三代国王迦腻色迦的时候，贵霜帝国已经统治了西起咸海，东至葱岭，东南包括印度河与恒河流域这样广大的一个地域。迦腻色迦王的首都，一半时间在今天阿富汗的喀布尔，一半时间在印度西北部的富楼沙，也就是今天巴基斯坦的白沙瓦。新兴的贵霜帝国，既可以看作是中亚的大帝国，也可以看作是印度历史上的大帝国。

迦腻色迦王和阿育王差不多，也是一位雄才大略的国王。他也信仰佛教，并把佛教当作他治理国家的工具。唐代玄奘撰写的《大唐西域记》讲，迦腻色迦王曾经召集五百位有学问的僧人，在迦湿弥罗，也就是今天的克什米尔，举行了一次新的结集。在这次结集中，僧人们编出了三部解释佛教经、律、论的著作，共有三十万颂，九百六十万言。迦腻色迦王还命令人把这些经文镂刻在红色的铜板上，然后把铜板放在石盒中，再把石盒藏在专门修建的塔里。玄奘讲到的这次结集，应该有所依据，只是整个故事中恐怕也包括了一些后来佛教徒对这件事的渲染和夸张。

贵霜王朝的首都富楼沙及其周边地区，在古代印度称作犍陀罗。贵霜人所接受的大夏希腊文化在这里和印度的佛教文化互相交流融合，结果产生了一种新的建筑雕塑艺术——"犍陀罗艺术"。犍陀罗艺术以佛教内容为题材，融合吸收希腊罗马的艺术手法，表现出贵霜文化特殊的风格，留下了不少的艺术杰作。

贵霜王朝时期也是佛教发展的重要时期。正是在这个时候，佛教开始以更大的规模向中亚地区，进而向中国传播。中国古代把敦煌以西广大的地理区域称作"西域"。佛教最早就是通过西域传入中国的。西汉末年以及东汉以来，最早到中国内地宣传佛教的僧人中，不少是贵霜大月氏人。

第四讲　大乘佛教：空宗和有宗

公元1世纪前后或更早一些时候，印度佛教的内部，出现了一种新的思潮或者说思想派别，这个派别后来被称作"大乘"。

什么是大乘呢？大乘是相对于小乘来说的。"乘"，本意是指某种运载工具。这派佛教徒认为，他们倡导的新的佛教教义能像某种工具一样运载无数众生达到解脱的境地，帮助众生得道成佛，这样的教义和修行的途径最伟大，因此自称为大乘佛教。而其他的派别则被他们称作"小乘"。

在大乘佛教徒看来，早期佛教的宗教理论都只能算作小乘。"小乘"一词带有贬义，因此后者从来不这样称呼自己。他们只称呼自己部派的名称。不过，大乘和小乘这两种叫法因为沿用已久，今天在讲到佛教历史时，很多时候还这样使用，但已经没有多少褒贬之意。

就大乘佛教与早期佛教的关系而言，有一点特别需要说清楚。在大乘出现以前，佛教早已经分成了称为"部派"的不同的派别。大乘出现后，又分为大乘和小乘两个大的派别。

部派和大小乘，虽然都可以理解为是佛教中不同的派别，但派别的性质其实不一样。大乘还是小乘，主要是在宗教思想和理论上各有不同。部派则多数情况下是指不同的僧团，使用不同的戒律，形成不同的传承系统，具体表现在出家、受戒、宗教礼仪，甚至僧装的穿戴上有不同的规矩，由此而被称为部派。大乘与小乘，部派与部派之间，区分的条件是不一样的，不可以混同在一起理解。大乘佛教的理论，实际上大多是在早期佛教理论的基础上发展而来。大乘佛教的理论，由早期佛教的一些部派中的一部分僧人，加上一些在家的信徒，最早提出来，并逐渐发展成熟。大乘出现后，部派中一部分僧人坚持原来的教义，一部分则认可新的大乘的理论。到了后来，在大多数佛教部派中，既有坚持传统的所谓小乘佛教教义的僧人，也有接受新的大乘佛教教义的僧人。部派的身份，主要只体现为僧人出家以及受戒的合法性。

大乘佛教提出了一些新的宗教主张，其中很突出的一个是所谓"菩萨"的说法。

菩萨是印度梵语的音译，意思是"具有觉悟根性的人"。大乘出现以前的佛教，虽然也提到菩萨这个词语，但多数是在关于释迦牟尼的本生故事里指释迦牟尼的前身，而没有更多的意思。早期的佛教理论认为，信仰佛教修行的结果，最后可以成为阿罗汉，对于成为阿罗汉的人来说，自己就算得到了解脱。可是后来一些佛教徒对此仍不满意，认为修行成为阿罗汉这个目标并不高，仅仅只是希望获得自我的解脱也不够，修行的目标最终应该是成佛，在成佛以前，应该先成为菩萨，菩萨不仅要救自己，而且大慈大悲，要救度一切众生。在宗教修行的意义上讲，菩萨当然比阿罗汉更高，更了不起。因此大乘有时又被称作"菩萨乘"。

我们中国人最熟悉的佛教菩萨，有普贤、文殊、观音和地藏。他们的地位全在罗汉之上，原因就在这里。《西游记》里好些故事都讲到这几位菩萨，尤其是其中的观音菩萨，出场最多。他们来自印度，但最后落户到了中国，分别在中国自己的"道场"。文殊菩萨到了五台山，普贤菩萨到了峨眉山，地藏菩萨到了九华山，观音菩萨则到了普陀山。这当然是佛教传到中国后，一千多年中间，中国的佛教徒附会印度传说的结果，也是佛教中国化过程中发生的事。

在宗教修持的方法上，大乘佛教提出了"六度"的新主张。

什么是六度呢？"度"的意思是"度到彼岸去"，六度就是六种从此岸度到彼岸去的方法。六度分别是：布施、持戒、忍辱、精进、禅定、智慧。要做菩萨，就得实行六度。六度也就是"菩萨行"。信仰大乘佛教，这都是必须要做的行为。六度既是宗教修行上的追求，也是生活中的实践。这样的要求，不仅是对于出家的僧人而言，对在家的佛教徒，也是一样。尤其是六度中提出的布施和忍辱，在社会生活中的指导意义更大于宗教生活本身。从六度的主张，可以看到，大乘佛教的主张，更靠近一般的社会生活。

　　释迦牟尼被极端地神化，主要是在大乘佛教出现以后。本来，在佛教的早期阶段，佛教的一些部派已经开始神化释迦牟尼佛的形象。不过，在这个时候，一些派别仍然大致保持着释迦牟尼非神的看法，认为他主要是一位教主。大乘佛教出现后，释迦牟尼就不再被认为是一般的宗教领袖了，他的身上越来越多地被罩上各色各样的神光异彩，被抬高到无以复加的神奇地位上。

　　大乘佛教还提出佛有二身、三身以至十身的说法，由此佛也不仅仅只有释迦牟尼佛，佛有佛身，佛身不止一个。佛教在更早时期，就已经有一种说法，释迦牟尼佛之前，有六佛甚至二十三佛，现在则有了更多的佛。释迦牟尼之后，还有未来的佛，其中最主要的，是弥勒佛。时间可以分为过去、现在、未来，合称"三世"，空间可以分为东、西、南、北、东南、西南、东北、西北、上、下，合称"十方"，三世和十方都有许许多多的佛，数量甚至可以多得与恒河里的沙粒一样。所有的佛，都可以成为崇拜的对象。

　　从宗教哲学的思辨理论上看，大乘比起小乘，确实有很大的发展。小乘一般主张"我空法有"，否认有实有的"我"，但不完全否认一定程度上代表客观现象的"法"的存在。大乘则主张"法我皆空"，使佛教的宗教哲学体系更趋完整严密，不仅否认主观存在，也否认一切客观存在。大乘佛教在理论上还有更多的一些新的主张，所有这些，都大大地推动佛教的思想和各种理论向精细化、神秘化方向发展。

前期大乘最有名的人物是龙树。他是大乘佛教的最重要的理论家，也是大乘佛教中的一派——中观派的创立者。

龙树的生平其实很不清楚，一般认为他大约是公元3世纪时的人。玄奘把他的名字译成"龙猛"。一些佛经里讲，龙树出生在南印度一个婆罗门的家庭里，从小很聪明，很早就开始学习婆罗门教的经典，年轻时就博学多能。他后来信仰了佛教，很快就精通了所有的佛教经典。他觉得不满足，便来到北印度的雪山地区，向一位老比丘求教，老比丘传授给他一些大乘经典。可是他读后仍然不满足，于是又周游各地，与各种"外道"和其他派别的佛教徒辩论。据说，他最后从"龙宫"得到了最深奥的大乘经典，讲的是"无上妙法"，于是他心满意足了，从此开始宣传这种新的学说，也就是"中观派"学说。这个故事，神话的成分当然是主要的，不过更多的也没有了，我们只能够从这个神话中对龙树的生平做出一定程度的推测。

中观派又称作大乘空宗，是印度大乘佛教的两个主要派别之一。"中观"和"空"这两个名字，都是从中观派主张的哲学观点上得来的。中观派所说的"空"，并不等于我们今天所讲的空或无，而是一种难于用言语或概念描述的实在。中观派认为，世界上一切事物都处在相对的依存关系中，存在的只是一些假借的概念。从一种方面或者说一个观点来说是有，这称为"俗谛"；从另一种方面或者说另一个观点来说是无，这称为"真谛"。龙树把他的观点概括为一首短诗："众因缘生法，我说即是空，亦为是假名，亦是中道义。"这首短诗后来被人称为"三是偈"。"偈"就是佛经中有韵律的诗。"三是偈"的意思是带有三个"是"字的诗。而说到最后，就成了"非有，非无，非亦有亦无，非非有非无"。这就是所谓"中观"的观点。

中观派提出的另一个有名的哲学命题是"八不"。"八不"是：不生、不灭、不常、不断、不一、不异、不来、不去。一连串的"不"字，否定了人们主观上的一切认识和整个客观世界的存在。中观派认为，只有"假有性空"的观点才是真理，才是"中观"。所以，有人认为，中观派的这种哲学观点是唯心主义，同时其中也包含着一种相对主义。也有人认为，中观派是不可知论。还有人认为，在中观派的哲学中存在着某些辩证法的因素。不管怎么理解和解释，大乘佛教的中观派的思想，显然有很丰富的内容。

龙树后来回到了南方。古代印度的北方，有一个拘萨罗国，在南印度还有一个拘萨罗国。南印度拘萨罗国的国王名叫引正王。龙树给引正王写了一封信，劝引正王信仰佛教。信是用诗体写的，文字很优美。引正王的心为之所动，便皈依了佛教，并为龙树修建了一座很大的寺庙。据说这封信后来在印度家喻户晓，到处传颂。龙树的著作很多，被人称为"千部论主"，意思是有一千部著作。这显然有些夸张。但他的著作看来确实很多。龙树的著作，少量的存留在梵语的佛经中，大多数保存在汉文和藏文的译本里，其中有一些未必一定是龙树所著。龙树著作中，最重要，也比较靠得住的有《中论》《十二门论》《大智度论》等。这些著作，不仅对于大乘佛教的中观派，也对于整个佛教思想的发展产生过重大的影响。

龙树最有名的学生是提婆。提婆也是南印度人，婆罗门种姓出身。传说他年轻时就博学多才。他从师子国，也就是今天的斯里兰卡，来见龙树。提婆还未进门，龙树就叫他的弟子捧着满满一钵水，让提婆仔细看看。提婆看了，也不说话，只是默默地往水里投下一根针。弟子不明白是怎么回事，捧着钵回到屋里。龙树一见，非常高兴，认为提婆明白了他的意思。满满一钵水象征龙树充盈的学问，针投入水中，表示提婆自己也很聪明，能够把龙树的学问学好，学透彻。从此提婆便成为龙树最得意的弟子。提婆也有不少著作，如《百论》《四百论》等。他的《百论》，加上龙树的《中论》《十二门论》，被认为是中观派最重要的理论著作，合称为"三论"。因此，后来人们也把提婆看成是中观派的创始人之一。在提婆以后，中观派有名的人物还有清辨和佛护。

中观派在印度盛行时，西北部的贵霜王朝已经衰落，只保持着对犍陀罗和旁遮普一小部分地区的统治。印度分裂成许多小国，各自为政。公元4世纪前期，摩揭陀地区一位名叫旃陀罗笈多的国王通过与释迦牟尼时代就已经出名的梨车族联姻，夺取了摩揭陀的首都华氏城，同时使用战争以及其他政治手段，大大地扩大了疆土，由此在印度建立了一个新的王朝。旃陀罗笈多的名字的后半部分，有"笈多"一词，这个王朝后来所有国王的名字的后半部分，也都一样有"笈多"一词，所以这个王朝就被人叫作笈多王朝。旃陀罗笈多的儿子是三谟陀罗笈多。三谟陀罗笈多继续扩张，到了第三代国王，名字也叫旃陀罗笈多，一般为了区别，称作旃陀罗笈多二世（380—414）。他在位的时候，笈多王朝已经非常强盛，领土包括恒河流域、中印度和旁遮普的部分地区，几乎是今天半个印度。在笈多王朝时期，印度的社会经济有显著的发展，出现十分繁荣的景象，宗教、哲学、文学等也很发达。有些现代的印度历史学家甚至把这一时期称作印度的"黄金时代"。

　　笈多王朝的国王们大多信奉婆罗门教，但也不排斥佛教。大概就在这个时候，摩揭陀王舍城附近修建起一座在古代非常著名的寺院，名叫那烂陀寺。根据唐代玄奘和另一个中国僧人义净的记载，那烂陀寺最初的建造者名叫帝日王。依据今天的考证，帝日王就是笈多王朝的一位国王。后来，他的儿子以及后几代的继承者都陆续参加了这座寺院的建设。这充分说明，笈多王朝时期，国王们对佛教的态度很友好。

　　中国东晋时有一位名叫法显的僧人，曾到印度求法。他到达印度时，正当笈多王朝时期。法显在晋安帝隆安三年（399）从长安出发，经过3年的艰苦跋涉，才到达印度。他在印度游历了许多地方,然后在义熙八年(412)从海路返回中国。回国以后,法显把他一路上的所见所闻写成一本书,书名叫《法显传》,又叫《佛国记》。这本书记载了许多有关当时印度的情况,包括历史、地理和宗教,受到今天研究印度历史及佛教学者们极大的重视。

大约在公元4世纪末或5世纪初,大乘佛教中又出现了一个重要的派别,名叫瑜伽行派,有时也被称作有宗。这一派的创始人是兄弟两人,长兄名叫无著,弟弟名叫世亲。

无著和世亲是犍陀罗人。开始兄弟俩都在佛教的说一切有部出家。世亲为了宣传说一切有部的一些教义,写过一部有名的佛教理论著作《俱舍论》。后来无著接受了大乘的思想,世亲也随哥哥改信了大乘。兄弟俩都撰写了不少著作,这些著作集中表达了他们的新的大乘佛教观点,即瑜伽行派的观点。

不过,依另外一种说法,在无著和世亲以前,更早宣传瑜伽行派观点的是弥勒。瑜伽行派最重要的经典是《瑜伽师地论》,据说《瑜伽师地论》就是弥勒口述,由无著记录下来的,因此无著的学说出自弥勒。但弥勒在佛教历史上是一位带有浓厚神话色彩的人物,很难说是否真有其人,所以多数学者认为,《瑜伽师地论》真正的作者还是无著,弥勒只是无著和世亲在宣传他们的学说时托名的人物。

大乘瑜伽行派也称"唯识学派"。"瑜伽"一词,古代汉译的佛经中也翻译为"相应"，现代汉语可以译为"结合"，在这里指的是该派佛教徒所主张的一种宗教修行方法和要达到的境界。瑜伽行派的佛教徒认为，世界上一切现象都是由人的精神总体——他们称这为"识"——转变出来的，除了识以外，世界上没有独立存在的任何其他东西。这叫作"万法唯识"，"内识生时，似外境现"，所以他们被称为"唯识学派"。同中观派一样，他们也否定客观物质世界的存在，但在否定中又有所肯定，即肯定了思维意识的存在。因为这一点，瑜伽行派又被称为"有宗"。

瑜伽行派的宗教哲学主张十分繁琐。他们主要的宗教哲学主张就是"万法唯识"。他们认为，"识"共有八种，合称"八识"。这八识是：眼识、耳识、鼻识、舌识、身识、意识、末那识、阿赖耶识。八识中，前六识早期的佛教已经讲到，比较容易理解，后两识则是瑜伽行派唯心主义的新发明，一般人很难理解。但是他们认为后两者很重要。其中尤其以阿赖耶识为中心，前七识都是由它生发出来的，是所有的"识"，即所有精神现象的根源，外部物质世界也由此而来。

为了证实一切现象都是从识转变出来的，瑜伽行派把宇宙所有的现象归纳为五个大的部类，每个部类下又细分为一百种类别，称为"五位百法"。佛教宗教哲学思辨的细密——当然也可以说是繁琐，至此可说是达到了顶点。

在无著、世亲以后，瑜伽行派的佛教学者还很多，其中比较著名的有护法和陈那。唐代的玄奘到印度去,他的老师名叫戒贤,戒贤也是一位瑜伽行派的大师,精通《瑜伽师地论》。玄奘去印度,很重要的一个目的,就是想在印度直接学习《瑜伽师地论》。戒贤帮他实现了这个愿望。

逻辑学在古代印度称为"因明",瑜伽行派的学者也研究因明。研究因明在印度有悠久的历史,是古代五种专门学问中的一门。"因明"最早起源于正统婆罗门教的哲学体系,早期的佛教徒对它并不重视。瑜伽行派则把它吸收过来,加以改造和发展,使之成为宣传自己的哲学观点、进行辩论的武器,从而把印度古代的逻辑学,也包括认识论的一部分内容发展到一个新的高度。瑜伽行派研究和发展因明最有成就的是5至6世纪时的陈那和7世纪时的法称。唐玄奘从印度回国后,专门翻译了一批因明学的著作。因此,有一个时期中国汉地的僧人,后来又有西藏的僧人,不少都研究因明学说。

在大乘佛教发展的时期,所谓的小乘佛教,在印度仍保持着很大的影响。从玄奘和义净到印度求法后留下的记载看,7世纪时,大乘和小乘流行的地区各有不同,但是总起来看,小乘的影响比大乘要大。义净根据不同部派使用不同的戒律作为区分条件,把当时印度的佛教整个分为四个大的部派,包括大众部、上座部、根本说一切有部以及正量部。每个大的部派又分为一些小的部派。义净的说法,虽然需要放在一定的历史背景下做解释和理解,但他讲的基本上反映了当时印度佛教的大致状况。

在印度有的地方，也包括斯里兰卡，还出现了玄奘所说的"大乘上座部"。这个名称，没有别的解释，只能解释为上座部中的一部分僧人，接受了大乘的思想学说，但在戒律方面，依然还属于上座部的传承系统。就思想而言，他们是大乘僧人，但就部派的律的传承而言，他们仍然属于上座部。

除此以外，在玄奘的记载中，还有不少地方的佛教僧人"大小二乘，兼功习学"。也就是说，这些地方的僧人们学习或者说接受的，既包含大乘，也包括小乘两个方面的内容。出现这样的现象，从另一个角度说明，大乘的理论和所谓小乘的理论在一定条件下，并非水火不相兼容，而是可以相互调和。

第五讲　由盛而衰：佛教在印度的结束

　　旃陀罗笈多二世的时代是笈多王朝的极盛时期。在他以后，笈多王朝开始走下坡路。公元5世纪中叶，从中亚来的白匈奴人，也就是中国史书上所称的"嚈哒"，开始侵入印度。起初，笈多王朝还能勉强抵抗，可是后来就渐渐支持不住。到了公元5世纪末，统一的笈多帝国逐渐瓦解，北印度各地纷纷独立，出现不少小国。它们相互攻伐，争雄斗长，北印度又重新进入分裂割据的局面。

　　白匈奴人进入印度后，在西北地区建立了他们的国家，并逐渐接受印度的文化。但白匈奴的统治者对佛教不感兴趣，经常捣毁佛寺，屠杀佛教徒。直到公元7世纪初，北印度出现一位国王，历史上称为戒日王，戒日王率领军队，南征北讨，成为北印度的霸主后，才基本结束了混乱的局面。

　　与几乎所有的印度国王一样，戒日王不但支持和保护佛教，对其他宗教也一样友好。

　　当时印度最大的寺院是那烂陀寺，那烂陀寺经过历代修建，建筑壮观，僧人众多，最多时据说有上万人。寺院里的住持，都是当时最有名望和学问的高僧。僧人们在那烂陀学习研究的，也不仅限于佛教，还包括世俗的一些经典，例如《吠陀》。僧人学习的内容，归纳起来，包括五类学问，总称为"五明"："声明""工巧明""因明""医方明"以及"内明"。其中的"声明"，指的是印度传统的语言学；"工巧明"讲的是工艺制造以及"阴阳历数"；"因明"即逻辑学；"医方明"是传统医学。当然，最重要的还是"内明"，即佛教的学问。

据说这个时候的那烂陀寺，每天都有一百多场讲座。讲座由有学问的僧人演讲，其他人是听众。听众们可以质疑，大家可以互相讨论和辩论。这让那烂陀寺很像是今天的一所大学。这时的那烂陀寺，不仅是印度佛教学术文化的中心，也是整个亚洲佛教的学术中心。到印度求法的中国及亚洲其他国家的僧人，几乎都要到这里来学习。这是那烂陀的极盛时期，玄奘和义净就是在这个时候，即公元7世纪的前期来到那烂陀求学。玄奘在那烂陀一住就是五年，然后从那烂陀出发，周游东印度、南印度和西印度，最后还回到那烂陀。义净则前后在那烂陀留学十一年，学成后回到中国。在义净到印度求法的前后，到过那烂陀，在此留过学的中国僧人还有许多，他们中一些人的姓名和经历在义净写的《大唐西域求法高僧传》里都有记载。

但就是在这个时候，佛教在印度其实已经开始显示出盛极而衰的征兆。玄奘经过中亚，进入印度。玄奘讲，他一路所见，佛教的寺庙虽然不少，但是其中很多都已破败荒凉。而与佛教对立的其他宗教势力却有新的发展，在不少国家和地区它们的影响甚至超过了佛教。也有国王不支持佛教，对佛教采取敌视态度。"外道"，即其他的宗教，主要是婆罗门教的信徒随处可见，很多时候比佛教徒更多。

佛教为什么会在这个时候出现衰落的征兆，这个问题学者们有各种解释。简单的解释是，这时的佛教不能适应社会的历史状况发生的新变化。但具体是因为什么，怎样地不能适应新的社会状况则理解不一。

有一点，学者们的意见比较一致，那就是，佛教与婆罗门教在一些宗教的理论和实践上渐趋于一致。在创立的初期，佛教与婆罗门教在很多问题上互相对立。后来在相当长的一段时期内，这种对立还很突出，佛教一直不承认婆罗门教的一些宗教仪式、理论和社会身份。可是到了这个时候，婆罗门教在一度落后之后，出现了复兴的趋势，最后形成为现在所谓的印度教。印度教本来在印度社会中一直有着极大的影响，这时对佛教采取了同化的做法，在保持原来教义和社会行为方式的基础上，吸收佛教的某些内容，把佛教的一些教义与印度教的教义融合起来，最后甚至把佛教的创始人释迦牟尼也请进了他们的神殿，说成是印度教大神的化身之一。这无异是以一种新的手段想把佛教吞并掉。在佛教这方面，自己的宗教理论由于没有更多的新的发展，反而更多地接受印度教的一些观念，渐渐承认了印度教的某些仪式，吸收印度教的一些思想内容，向印度教靠拢。

佛教这样演变的结果，产生了一个新的佛教流派——"密宗"，也可以叫"密教"。

在佛教的早期时代，佛教就已经零零星星地发展出一些具有神秘色彩的宗教理论和修行手段，但那个时候这些在整个佛教中还不是很突出。与佛教有所区别的是，印度教在婆罗门教时代，就已经有更多的神秘的宗教理论和实践活动。宗教信仰中具有神秘的成分，在印度从来就有传统，也是印度文化的特点之一。佛教向这一方向转变，其实不奇怪。

印度佛教中，真正出现作为组织化的密教派别，是在公元7世纪。同前期的佛教派别相比，密教的宗教理论和宗教修习方法大不相同。在宗教理论上，它吸收和继承了大乘佛教的一些内容，并有自己的变化和发展。在宗教实践上，它制定出一整套高度组织化的咒术和仪式。密教对佛和成佛的定义重新做了解释。它认为世界万物，包括佛及众生，都是由地、水、火、风、空、识，合称"六大"所造。六大又称为"六大法身"。宗教修习的目的，就是要和"法身"相结合。方法是口要念诵咒语真言，叫作"语密"；手和身体做出特定的姿势，叫作"手结印契"；心中要"观想"佛与菩萨。这三种方法合在一起，称为"三密"。据说只要这样做了，就能立地成佛。这种成佛的方法，看得见，摸得着，比过去小乘和大乘"空宗"或"有宗"

的一些深奥玄虚的理论和方法更为具体，也更易于实行，所以比较容易得到信众的接受，也更容易流行。这些方法还有一个同过去不一样的地方是，它们都是由老师按照非常严格复杂的程序秘密地传授给弟子，外人莫得与闻。由于这个原因，加之理论上越来越神秘化，它得到"密教"或"密宗"这个名称，以前的那些佛教派别相对地被称为"显教"。密教自称它比显教更高明。由于传承和强调"真言"，也就是咒语，密教又被称为"真言乘"。由于易于实行，还被称为"易行乘"。由于修行中常常使用"金刚杵"，理论上强调"金刚"的象征意义，密教有时还被称为"金刚乘"。

念咒作术是密教宗教活动中最重要的一个内容，但它不是密教的发明。咒术在印度有古老的传统。佛教成立之初，释迦牟尼对这些咒术密法采取坚决反对、竭力排斥的态度。可是后来的佛教徒并没有严格遵守他的指示。在部派佛教和早期大乘佛教里，已经有采用咒术的事例，并逐渐有所发展。7世纪时，在那烂陀寺里就有专门念咒的场所。密教出现后，采用佛教的理论去解释和发展咒术，使它成了达到宗教目的的重要手段。不过，佛教在印度发展到这一步，已经同印度教及其他一些民间信仰没有太大的差别了。

戒日王死后，北印度又陷入分裂状态。小国的君主们多数支持印度教，佛教衰落得更快，只有印度东部孟加拉的波罗王朝是佛教的支持者。

波罗王朝成立于8世纪，一直延续到12世纪末。它历代的国王大多支持佛教。随着西方和北方政治情况的变化，佛教在印度的中心便转移到了东印度。波罗王朝的第二位国王达摩波罗（约770—810），为佛教徒在恒河南岸修建了一座寺院，名超戒寺。据说寺院的规模比那烂陀寺还要宏大，有一百零三个分院，大小五十四个神殿。超戒寺以密教为主，成为这时印度佛教的中心。

波罗王朝支持佛教，也有其政治上的原因。公元8世纪初，从阿拉伯来的伊斯兰教的势力到达了印度西北边境。10世纪末，中亚的突厥人信仰伊斯兰教后，开始大举入侵印度。最初他们主要是掠夺印度的财富，后来也开始占领土地，定居下来，并且在德里正式建立了印度的伊斯兰教王朝。因为信仰，他们极端排斥异教，反对偶像崇拜。伊斯兰军队所到之处，佛教及印度教都受到极大的摧残，僧众被杀戮，财物被劫掠，寺庙被夷平。这对佛教尤其是一个沉重的打击。

12世纪末，入侵者的兵锋最终到达了东印度的比哈尔和孟加拉地区。1193年，作为佛教在印度本土最后存在标志的超戒寺被伊斯兰军队烧毁，从此佛教便在印度基本上消失了。

准确地说，伊斯兰教的入侵印度和暴力，是促使佛教在印度彻底消失的最终和最主要的原因。

第六讲　佛教传到亚洲各国

　　佛教在印度本土消失了，但这并不意味着佛教就此结束。当佛教在印度逐渐衰落，逐渐成为历史的同时，在亚洲的其他国家里，佛教却早已牢牢地扎下了根，并得到广泛的发展，对所在地区的历史、文化及社会生活产生了巨大的影响，有的影响一直持续到今天。

　　佛教从印度传出，主要是在阿育王时代。自从阿育王在北印度和西北印度建立了一个地域广大的帝国后，佛教就在他的支持下，从印度的恒河流域一带大规模地向外发展，广泛传播到印度各地，同时往南，传到了今天的斯里兰卡。阿育王派出的僧人，先后到达了今天的阿富汗和中亚地区，有的可能还到达了今天的叙利亚和埃及等地。

　　斯里兰卡的地理位置离印度很近，是佛教最先传播到的国家，直到今天它还是一个以信仰佛教为主的国家。据斯里兰卡的古籍记载，阿育王派了他的儿子摩哂陀和另外四位僧人来到斯里兰卡传教，从此这里就有了佛教。随后摩哂陀的妹妹僧伽蜜多也来到斯里兰卡，从此这里就有了出家的女子，称作比丘尼。摩哂陀宣传的教义属于佛教的上座部一派，他在斯里兰卡建立的第一座寺院名叫大寺。他死后，大约在公元前1世纪时，斯里兰卡的上座部佛教发生分裂，坚持摩哂陀正统的，主要是大寺的僧人们，所以称为大寺派。主张不同的另一派僧人，主要来自一座叫作无畏山寺的寺院，因此称无畏山寺派。在斯里兰卡后来的2000年里，传统的上座部佛教虽然中间有一段时间也受到了大乘佛教、密教甚至印度教的影响，但几经反复，仍然还是保持着自己的传承系统和文化特点。斯里兰卡历代的国王多数都信仰佛教，尊佛教为国教，同时在政治上把佛教作为整合民心与抵御外来侵略的一个工具，这种情形一直延续到近现代。

缅甸是印度的近邻。按佛教的传说，阿育王时代佛教就传到了这里，但近代在这一地区的考古，至今没有发现公元前佛教留下的痕迹。不过可以确信的是，至晚在公元3、4世纪，佛教在这里已经开始流行。中国唐代的史籍中记载，公元7世纪时，在今天缅甸的中部，有骠人建立的国家，史籍中称为骠国，骠国的首都叫作室利差怛罗。依照中国唐代到印度求法的僧人义净的记载，室利差怛罗以及更东边的郎迦戍、杜和钵底以及临邑国，包括今天马来半岛和泰国的一个广大的地区里，佛教已经很流行，既有大乘佛教，也有小乘佛教。在佛教流行的同时，也流行印度传来的婆罗门教。

公元11世纪初，蒲甘王朝的国王阿奴律陀统一了缅甸。

阿奴律陀积极地支持来自斯里兰卡的上座部佛教,大量地建塔造寺。从此上座部佛教便在缅甸成为最有影响,几乎是唯一的宗教,一直到今天。

佛教传到今天的泰国一带地区,估计也是在公元3、4世纪,不过那个时候并没有泰国。今天知道的,6、7世纪时,这个地区有一个称作杜和钵底的国家,佛教在这里有所流行。

今天的泰国,建国于1238年。新建立的泰国,一开始就把来自斯里兰卡的上座部佛教确立为国家的信仰,一直到今天。泰国的佛教,虽然后来自己又分化为好些不同的派别,但在东南亚佛教中,整体上始终发挥着重要作用,包括举行"结集",大规模地整理佛教经典。近代泰国的上座部僧人,甚至还携带着经典,到斯里兰卡去从事复兴佛教的活动。

柬埔寨在古代曾经被称作扶南国。扶南国建立于公元1世纪,是今天印度支那半岛上最早出现的国家,主体民族是孟高棉人。7世纪前,扶南是印度支那半岛上最大的国家,地域不仅包括今天的柬埔寨,还包括今天泰国东南部和越南的南部。7世纪中叶,扶南被真腊所取代。直到9至14世纪的吴哥王朝时期,孟高棉人的国家仍然是印度支那半岛上社会和文化最发达的国家。

从中国的史籍和近代的考古发掘中可以知道,至晚在公元4世纪后期,佛教已经传到了扶南,同时传来的也有婆罗门教,而婆罗门教的影响一度比佛教还大一些,但是后来佛教似乎占了上风。这个时期扶南的佛教，既有小乘，但更多的是大乘。中国南北朝时期，扶南与中国外交和商业往来频繁。不少佛教的僧人这个时候也来到中国，例如萧梁时期的僧伽婆罗和曼陀罗。也有印度的僧人，先到扶南，然后再到中国，这中间最有名的是陈代的陈真谛。他们都在中国翻译出了不少佛经。

在今天的柬埔寨，处处都可以看到佛教和印度教的影响。公元12世纪末，高棉王朝的国王阇耶跋摩七世即位后，更是热心扶持佛教。他重新扩建高棉古都吴哥城，在城中修造了巴扬大庙和无数的佛塔，使整个城市成为柬埔寨佛教的圣地，巨大的规模和壮观的建筑闻名世界。

到了公元14世纪，上座部佛教也成为了柬埔寨最大最有影响的宗教。柬埔寨人认为，佛教是他们的国教。

与柬埔寨相邻的是老挝，老挝是后起的国家。老挝的佛教，最早有从柬埔寨传入的大乘，后来又有从泰国传入的上座部两种。公元14世纪以后，上座部佛教占了统治地位，成为国教。

越南的情况则有些不同。中国古代称越南南部的古国为临邑国或占婆国。这里是古代南海交通的要道，因此佛教也较早地传到这一地区。中国史书和僧人的记载证明，公元7世纪时，这里既流行小乘佛教，也流行大乘佛教。但是北部的情况和南方有所不同。越南北部在古代被称为交州，长期属于中国管辖，历史上一直受到中国文化的直接影响。公元2、3世纪时，交州的居民，很大一部分是从中原地区迁徙而来的汉族人，其中有些人已经接受了佛教信仰。因此这个地区从一开始，流行的就是汉传的佛教。交州也处于海路交通的要道上，从中亚和南亚地区来的人，有的也在此驻留。三国时期最早在中国南方弘传佛教、翻译经典的康僧会，父亲是中亚的康国人，自己出生在交州。康僧会的佛教信仰，显然是在交州开始的。

越南北部的汉传佛教，后来又发展到越南中部和南部，这样的情形，一直持续到现在。

今天的马来西亚和印度尼西亚都不是信仰佛教的国家，可是古代佛教曾在这一地区，尤其是在印度尼西亚有过一段很辉煌的时期。至迟在5世纪的后期，佛教就传到了今天印度尼西亚的苏门答腊岛和爪哇岛。7世纪时，苏门答腊岛上有一个很大的国家，称作室利佛逝。室利佛逝的首都，处在南海交通的要道上。通过海路到印度求法的中国僧人，都要在此停留，先学习印度的梵语，为到印度进一步学习做准备。室利佛逝国的居民，也有很多信仰佛教，室利佛逝因此成为当时南海一带佛教的中心，流行的佛教也是既有小乘，也有大乘。8至9世纪，以室利佛逝为中心建立的山帝王朝，统治的地域包括今天的马来半岛和印度尼西亚大部分地区。山帝王朝的国王们也是佛教的积极支持者。他们与东印度的波罗王朝、南印度的朱罗王朝关系密切，印度新兴的佛教密宗这个时候也传到这里，并且流行起来。山帝王朝的国王们修建了不少佛教的寺庙和塔，同时也有印度教的神庙。

这个时期佛教方面最著名的遗迹是今天印度尼西亚爪哇岛上的婆罗浮屠佛塔。婆罗浮屠佛塔大约建成于9世纪初，是一处金字塔形的大塔，塔体巨大，完全用坚硬的岩石构建而成。塔底呈正方形，周长约120米，总面积将近1.5公顷。大塔气势磅礴，规制繁密，构图精美，雕刻精细。大塔共有9层，上面3层为圆形，下面6层方形，由一个正方形的塔基和5层带边的墙的平台组成。围绕着环形平台有72座透雕的塔，内有佛龛，每个佛龛里供奉着一尊佛像。平台的四周，装饰着数以千计的反映佛陀生活的雕刻。整个大塔完整地反映了大乘佛教和密宗的宇宙构想和修行理论。用佛教密宗的说法，这就是一处规模巨大的"曼陀罗"，汉语翻译为"坛场"。佛教在印度尼西亚消失后，婆罗浮屠佛塔被遗忘在一片热带的丛林中，直到1814年才被人发现，成为今天印度尼西亚，也是世界上最有名的佛教遗址之一。

大约在10世纪前后，伊斯兰教传入印度尼西亚，整个地区逐渐伊斯兰化，佛教和印度教的影响越来越小，到13世纪末，佛教在印度尼西亚就几乎不存在了。只有在巴厘岛，还保留了一小部分印度教。印度尼西亚再次有了佛教，是因为近代的华人移民。不过华人佛教的规模很小，还不时受到攻击和迫害，20世纪后半期一度被禁止，最近二十来年才稍有恢复。

今天的马来西亚地区，古代曾经有过大大小小的一些聚居的村落、城市和港口，发展到后来成为国家。依照唐代中国求法僧的记载，至晚在7世纪时，在一些地区，例如今天的吉打州，已经有佛教徒。近代考古的发现，还可以把佛教和印度教传入这个地区的时间推前到5、6世纪。马来西亚今天也是以伊斯兰教作为国家的信仰，一些城市里的佛教，同样是近代华人移民带来的。

斯里兰卡、缅甸、泰国、柬埔寨、老挝等国流行的佛教，因为是印度向南传播而来的，又大多属于上座部佛教这一大的派别，所以又被称为南传佛教。僧人所使用的经典，是用古印度的一种俗语，称作巴利语写成。与北传的佛教经典相比，巴利语佛经在内容和编次上都有较大的不同。巴利语佛经在公元前1世纪时用文字形式记录成书。公元5世纪时，又有一位名叫佛音的印度佛教学者来到斯里兰卡，整理和注释了这些巴利语佛经。巴利语佛经一直流传至今，是保存得相当完整的一部佛教文献。巴利语的佛教文献后来在印度本土很难见到，但在斯里兰卡和东南亚的一些国家里，却从一开始就成为圣典，得到敬重和保护。

由于地理位置的关系，南传的上座部佛教还传入到我国云南的傣族地区。傣族佛教徒今天使用的傣文佛经就是从巴利语佛经中翻译过来的。

佛教从印度传出的另一个方向是向北，经过中亚地区，传入中国，再由中国传入朝鲜、日本以及今天的越南北部。这些地区的佛教主要属于大乘佛教，被称为北传佛教。不过，把佛教分为南传和北传，只是一个大概的说法。事实上，中国和印度之间很早就通过南海海路发生了联系，只是在唐、宋以前，海路联系不如陆路联系频繁。从汉末开始，到中国传播佛教的西域以及西域其他国家的僧人，大多确实是从北边陆路而来，但从一开始，也有一些是从海路来到中国。北传和南传，也可以更多地理解为，在亚洲的东部和北部，是大乘佛教的影响大；亚洲南部和东南部，则上座部佛教的影响最大。上座部佛教比较坚持早期佛教的理论，因此也就往往被认为是小乘佛教。

中亚地区地处印度北面，在历史上和古代印度有着非常密切的联系。公元前后，这里先后出现过许多国家，其中比较大的有大夏、安息、大月氏以及大月氏建立的贵霜帝国。公元前3世纪中期，阿育王派出的僧人到达了这里。公元前2世纪，在印度西北部和今阿富汗境内的希腊人已经有不少人信奉了佛教。大约在公元前1世纪左右，地处今伊朗西部的安息国和地处今乌兹别克斯坦境内的康居国也开始流行佛教。公元1世纪时，大月氏人建立了横跨中亚及印度广大地区的贵霜帝国。贵霜国王迦腻色迦大力提倡佛教，使佛教在中亚地区得到广泛的发展。这时佛教中已经出现了大乘，大乘佛教的影响因此在中亚地区就特别突出。

中国古代把今天敦煌以西的地区统称为"西域",这是广义的西域,包括印度、中亚和西亚地区,一直到地中海。狭义的西域,则主要指今天中国的新疆地区。佛教从印度传到中国,首先到达的就是新疆地区。从地理上讲,新疆也可以算在中亚的范围内。

佛教传入新疆大约在公元1世纪左右。传入的途径主要有两条:一条是通过新疆以西的中亚国家传入,另一条是直接从印度的迦湿弥罗,即今天的克什米尔传来。在新疆境内,佛教最为流行的有两个地方,一个是于阗,即今天的和田;一个是龟兹,即今天的库车。于阗正好在新疆境内古代"丝绸之路"的南道上,龟兹则在北道上,两个地方因此成为佛教由西向东传播的重要中间站。在公元4世纪前,于阗主要流行小乘佛教,此后却盛行大乘佛教。龟兹流行的,开始也是小乘佛教多一些,但后来也有了大乘佛教。从佛教的部派的角度看,龟兹流行的是说一切有部。于阗有说一切有部,也有法藏部。

在佛教从西向东传播的过程中,中亚的这些古国起过很大的作用。公元1、2世纪以后,许多印度、安息、大月氏以及于阗、龟兹的僧人随着经商的商人或国家的使节先后来到中国内地,传教译经。他们中一些人为中国的思想文化发展做出了一定的贡献。4世纪后期到5世纪前期中国最著名的佛经翻译家鸠摩罗什就出生在龟兹。

　　中亚地区的佛教，一直到7、8世纪伊斯兰教东扩时才逐渐衰亡下去。历史上在这一地区和佛教并存的还有来自波斯的袄教和摩尼教，以及来自叙利亚的景教，即东方基督教。这些宗教先后共存，相互间还有一些影响。10世纪以后，这一地区完全伊斯兰化，佛教便彻底消失了。于阗的佛教延续到11世纪，直到被伊斯兰教用暴力所消灭。

　　从新疆再往东，经过敦煌的玉门关与阳关，经过河西走廊，就到了中国的关中地区，再到中原地区。我国晋代的一部史书里说，在西汉末年，汉哀帝元寿元年（公元前2年）时，大月氏国有一位名叫伊存的使臣来到长安，向中国人口授佛经。一般就把这一事件作为佛教传入中国的开始。

　　佛教在最初传入中国内地的一段时期里，信仰它的人并不多，佛教主要流行在社会上层和外来的“西域人”中。到了东汉末年及魏晋时期，来中国传教的佛教僧人越来越多，并翻译出许多佛教经典。也由于中国当时频繁发生的战乱，北方的一些少数民族先后建立了十多个政权，生活中的苦难和命运的不确定，让人们有了更迫切的宗教和信仰需求，佛教很快就得到广泛的流行。到南北朝时期，帝王和贵族，几乎都积极支持佛教。其中最有名、最突出的是梁武帝，他不仅自己信仰佛教，还积极带头，直接参加佛教的宗教活动，撰写佛教方面的著作，后世因此称他为“佛教皇帝”。佛教经过这一时期的发展，各地寺院林立，影响深入到社会的各个方面，有时还参与政治，经济上也很有实力。

中国汉地的佛教，由于绝大部分都是从中亚地区传入，大乘佛教在中亚影响最大，一部分大乘经典也是在中亚形成和定型，所以中国的佛教从一开始就接受的是大乘的理论。这奠定了中国佛教两千年来发展的大方向。

隋唐两代是中国佛教发展的鼎盛时期。佛教传入中国后，为了适应中国的社会条件，在各个方面也发生了许多变化，具体地说，就是"中国化"。这个"中国化"的过程，从佛教传入中国就开始，一直持续到隋唐时期。它具体地体现在经典的汉译，各种佛学理论的接受和改变，宗教的仪式适应于中国的社会环境，佛教塔庙的建设，佛教石窟的开凿，佛像的制作，等等。前后几百年间，从印度传来的佛教，便基本上中国化了。

除此以外，佛教中国化还有一个很重要的标志，那就是，佛教在中国经过了五六百年的发展，到了隋唐时代，出现了许多新的宗派。这中间最主要的，有三论宗、天台宗、法相宗、律宗、华严宗、禅宗、净土宗、密宗。这些宗派在宗教理论上各自有一些不同的主张和规定，并形成一种师徒传承的制度。一般说来，它们都属于大乘佛教的系统，但它们与原来在印度的大乘佛教相比较，已经发生了很多新的变化，具有鲜明的中国特点。这些宗派中的禅宗，后来又分别演化成几个新的支派。这些中国的佛教宗派，在唐代和宋代，先后还传到了朝鲜、日本以及越南，在这些国家又有新的变化和发展，大多传承至今。

隋唐时期的中国，佛教在社会上影响很大。隋代的皇帝，是佛教最积极的支持者。唐代的皇帝，大多数也都支持佛教。唐初的武则天，支持佛教更是不遗余力。武则天还善于利用佛教，加强自己在政治斗争中的地位。也有个别的佛教僧人，卷入到政治活动中。

唐代后期曾经出现过由唐武宗主导的"灭佛"事件，佛教一度受到严重的打击。但唐武宗死后，佛教迅速得到恢复，在社会上仍然有很大的影响。不过，到这个时候，各个佛教宗派已经发展成熟，中国佛教在思想理论上的创新渐渐就少了。

到了宋代，中国传统的儒学吸收了佛教的某些理论后，也出现复兴的迹象，使得佛教只能维持既有的一席之地，而不能处于优先的地位。宋、元、明、清四个朝代，统治阶级提倡"儒释会通""三教融合"，佛教在儒学的影响下，与道教并立而延续下来，但从此没有了往日的盛况。

朝鲜和日本两国，在历史上和中国一直有密切的联系。公元4世纪时，朝鲜半岛分为高句丽、新罗、百济三个国家。佛教从中国首先传到高句丽，很快又传到百济和新罗。隋唐时代朝鲜到中国来的僧人很多。他们在中国学习佛教及其他文化知识，有的还从中国出发，去印度求法。当时中国佛教几乎所有的宗派都传入朝鲜。11和13世纪，当时统治朝鲜的高丽王朝还刊刻过全套的汉文佛经，这套佛经被称为《高丽大藏经》。一直到近代，朝鲜还是一个以佛教为主要宗教信仰的国家，近代以后，才有所变化。

　　佛教在日本至今还有相当大的影响。公元6世纪，佛教通过朝鲜传入日本。但从中国直接传入的情况也有。6世纪末7世纪初，正当中国的隋末唐初时期，日本摄政的圣德太子为了改革政治，大力提倡佛教和儒学，目的是学习当时先进的中国文化。圣德太子两次派遣使者、留学生、留学僧等到中国，学习中国的制度、文化及佛教，佛教因此在日本迅速得到发展。整个唐代，来中国学习佛教的日本僧人络绎不绝，数量很多。不少中国僧人也乘船东渡，到日本传播佛教。著名的中国僧人鉴真，在唐天宝年间，十年之中六次冒险东渡，历经艰辛，最后终于到达日本。这件事今天已经成为中日文化交流史上的一段佳话。

　　日本各个佛教宗派的形成都与中国有关。一些日本僧人在唐朝时期先后来到中国，跟随不同佛教宗派的大师学习，回国以后，就依据自己在中国所学的理论，把中国的佛教宗派引进到了日本。他们大多因此而成为日本佛教史上很著名的僧人，例如9世纪前期建立日本天台宗的最澄（767—822），建立真言宗也就是佛教密宗的空海（774—835）。也有的宗派是由朝鲜僧人或中国僧人带到了日本，例如鉴真到了日本，就开创了日本的律宗。这些宗派，到达日本后，与日本自身的民族文化传统相结合，进一步发展，最后形成具有日本特点的佛教宗派,它们名称虽然跟中国的一样,但内容已经有或大或小的差别。典型的例子,除了上面提到的天台宗,更有12世纪从净土宗发展出来的净土真宗,13世纪从天台宗分出来的日莲宗,以及真言宗后来的各个支派。直到近现代,还不断有许多新的宗派形成。各个宗派的教义和教规为适应社会环境的变化也不断地变化。有的日本佛教宗派后来还允许僧人娶妻生子,这样的事,在其他地方很少见,在中国更不可能。

佛教从中国传入日本所造成的影响,不仅限于佛教。公元7世纪,日本的政治制度、社会和文化都受到了当时中国隋唐文化的影响。在中日文化的长期交流中,佛教发挥过重要的作用,僧人成为友好和文化的使者。日本的僧人大多积极参与政治活动,把从中国学到的知识带到日本。日本的书道和茶道,今天被看成是日本文化传统的象征之一,也都与佛教有关,而且与中国文化有着渊源的关系。鉴真到日本,不仅传播了佛教,同时把中国唐代的医药知识、建筑技术、书法、绘画、雕塑艺术以及其他工艺知识带到了日本。一千多年来,鉴真一直是日本人民非常尊敬和爱戴的人物。在日本一些佛教寺庙里,至今还珍藏着许多中国隋唐以来的各种佛教经典和文物,其中不乏早已在中国失传的佛经抄本。传到日本的汉文佛教典籍,多次被重抄和刊印,成为今天日本的"重要文化财"。

佛教传入中国的西藏地区时间比较晚。公元7世纪中叶,松赞干布统一西藏地区，建立了吐蕃政权。松赞干布希望与唐朝中央政府建立良好的关系，学习中国内地先进的文化。迎娶唐宗室的文成公主，就是他为此的举动之一。文成公主入藏，带去了内地的各种生产和文化知识，也带去了佛教。松赞干布还娶过尼泊尔的尺尊公主，这位公主也信仰佛教。由于两位公主的原因，西藏开始有了佛教和佛教寺庙。不过这时信仰佛教的只有少数上层贵族。佛教真正得到推广，是在8世纪，赤松德赞做赞普，也就是国王的时候。西藏原来流行着一种本土的宗教，称作苯波教或者苯教。佛教进入西藏，与苯教有冲突，二者展开激烈的斗争。开始时，双方互有起落。9世纪时佛教曾遭受到沉重打击，但到了10世纪，佛教终于取得彻底的胜利，成为西藏地区占统治地位的宗教，一直到今天。

由于特殊的历史条件和社会背景，西藏的佛教与其他地区流行的佛教有很多不一样的特点。它更多地直接接受了从印度传入的密教传统，同时也受到汉族地区流行的大乘佛教的某些影响，在与苯教的斗争中又吸收了苯教的一些教义，最后形成佛教中的一个很有特点的教派，这就是藏传佛教。过去也有一些人把藏传佛教称为喇嘛教。但"喇嘛"一词，实际上只是对这一佛教系统中有地位的僧人的一种尊称，意思是"师长"或者"上人"，而不是这一派佛教本来的名称。喇嘛教的名称现在已经少有人用。

藏传佛教形成以后，也陆续分化为不同的教派。这些教派中,最主要的有:宁玛派,又称"红教";萨迦派,又称"花教";噶举派,又称"白教";格鲁派,又称"黄教"。这些教派与西藏地区的社会政治生活有着非常紧密的联系,每一派往往代表着一个地区贵族以及僧人的利益。元、明、清中央政权对藏传佛教实行积极扶持和利用的政策,这使它们在西藏和西藏以外的地区也得到很大的发展。明代中期以后,格鲁派联络蒙古军事贵族的力量,势力渐渐增大。格鲁派的教主称为"达赖喇嘛"和"班禅额尔德尼",实行活佛转世的制度。在清朝中央政府的认可和支持下,格鲁派成为西藏地区执掌政权的教派。这种政教合一的政权使佛教寺院很多时候掌握着西藏的政治、宗教、经济和文化的最高权力,寺院中的高级僧侣与地方贵族关系密切,往往有着共同的利益。一般的藏族民众,虔诚地信仰佛教,佛教因此深深地渗入到西藏社会生活的方方面面,同时也推动了藏族文化的发展,成为藏文化最大的一个特点。

大约从8世纪开始,一直到12、13世纪,西藏佛教徒用藏文翻译了大量的佛教典籍。这些典籍后来又合编成著名的藏文大藏经。大藏经分为两大部分:一部分称作"甘珠尔",意思是佛所说部;另一部分称作"丹珠尔",意思是论著部。它和现存的汉文大藏经一样,成为一套数量很大,体系也相当完整的文献,是研究印度佛教与西藏佛教的重要资料。

藏传佛教流传的范围,主要是藏族和蒙古族地区,这包括中国的西藏，也包括青海、甘肃、四川的部分地区以及内蒙古自治区。中国之外，还有今天的蒙古国和俄罗斯的布里亚特等蒙古族聚居的地区，以及不丹。与中国西藏相邻的尼泊尔的部分地区，以及今天印度控制的锡金和拉达克地区，居民中很多也是藏族，信仰的也是藏传佛教。

今天，佛教在亚洲仍然是一个有很大影响的宗教。20世纪初以来，东南亚各国民族运动兴起，把复兴佛教也作为反对西方殖民统治和殖民文化的手段之一，佛教因此获得新的推动力。这些国家独立后，佛教在有的国家，例如泰国、缅甸、柬埔寨被宣布为国教，佛教组织和僧人直接参加各种政治活动、民众教育以及其他社会活动，在社会生活中有很大的影响。日本在第二次世界大战后出现了许多新的佛教派别，其中最有影响的是属于日莲正宗系统的创价学会。它宣传所谓"佛法民主主义""人性社会主义""地球民族主义"的"第三文明论"。根据日本政教分离的原则，从创价学会分出来而建立的公明党，一直在政治上很活跃，早已成为现今日本政治生活中重要的政党。在印度，佛教在沉寂了六七百年后，也再度复苏。19世纪末，在斯里兰卡佛教徒的支持下，印度有人重新开始宣传佛教。印度独立以后，1956年曾有40万"贱民"集体宣布改信佛教。他们改信佛教，最主要的原因是他们在传统的印度教中受到歧视和压迫，希望通过改变宗教信仰来改变自己的社会地位。这些新的佛教徒的领袖，是"贱民"出身的政治家,印度独立后第一部宪法最主要的起草者安贝德卡尔博士。他们的佛教,被称作"新佛教",新佛教因此与政治运动结合在一起。大半个世纪以来,这些印度的新佛教徒们,一直在为争取自己的政治和社会权利努力斗争。目前看来虽然有一定的成效,但离最终的目标还有相当一段距离。在斯里兰卡,佛教徒是国家政治活动的积极参加者。在中国,尤其是在中国的内蒙古和西藏地区,很多人依然信仰佛教。在欧美,近几十年来,也有不少人,尤其是知识界的一些人士,对佛教表现出越来越大的兴趣。他们中的一些人,在不同的层面接受了佛教,也成立了各种佛教组织。从20世纪60年代开始,日本、东南亚的佛教组织,以及藏传佛教的一些宗派,在世界各地建立寺庙,进行传教活动。最近二十多年来,中国的汉传佛教也走出中国,在欧美、大洋洲建立自己的寺庙和活动中心,甚至办大学。这些活动,虽然规模不是很大,但影响渐渐在增加。所有这些,都让今天的佛教从广泛的意义上再次成为世界性的宗教。

不管怎样,已经有两千多年历史的佛教,在当今世界的大变化中,仍然还具有相当强的生命力,仍然还会影响到世界上很大一部分人的信仰和精神生活,乃至于文化、政治和社会的发展。

后　记

　　20世纪90年代初，1991年，我曾经在商务印书馆出过一本小书，书名是《佛教史话》。写那本书，是当时"世界历史小丛书"的主编，德高望重，大家都尊称为"翰老"的陈翰笙先生的安排。书稿完成于20世纪80年代中期，当时写得很匆忙，一些看法也受时代的限制，现在看，写得并不好。

　　北京师范大学的董晓萍老师，不久前计划编一套"教育援青"人文学科建设系列图书，出版也安排在商务印书馆。董老师跟我约稿，我一时实在写不出新的东西。她知道我三十年前曾经在商务印书馆出过这样一本书，建议我就在这本《佛教史话》的基础上做改写。现在的这本小书，就是改写的结果。配合整个出版计划的设计，原来的六个部分，改称为"六讲"，书名改了，文字上也改了很多，尤其是对一些重要的问题，根据新的研究重新做了表述。

　　现在的稿子，虽然仍然说不上满意，但目前没有更多的时间再做打磨，也只有这样了。

　　希望这本小书对那些打算对佛教历史做一般性了解的读者能有一点用。

王邦维

2021年冬至日于龙背村南